経験をリセットする

理論哲学から行為哲学へ

河本英夫

青土社

経験をリセットする　河本英夫

目次

経験をリセットする

理論哲学から行為哲学へ

はじめに

行き先をもたない巡礼がある。達成しなければならないミッションが一切ない巡礼もある。一生の思い出にと覚悟を決めて出発するのではないような開始がある。それは開始というより、まるで散歩にでるように踏みだす出発である。現地に着いたとき、朝の薄いコーヒをすすりながら、おもむろにその日一日のスケジュールを決める旅程がある。これは放浪ではない。まちがいなくどこかには行く。しかしあらかじめ決められた何かを得るために行くのではなく、道草のようにどこかに立ち寄るというのでもない。由緒ある古寺や庭園を体験することが、目指されているのではない。隠れ名所を探し当てようというのでもない。それでもその旅程が、自分自身にとっての区切りとなり、新たな経験の開始のきっかけとなるのであれば、それは「経験の巡礼」と呼んでよい。

どこへ行こうと、知識には視覚と言語と思考の制約がかかってしまう。事前の検索・調査でよく知った風景を確認するようにそれを見て、ガイドブックの記載にあるような風景を満喫したいのではない。むしろ触覚と身体と制作の可能性を拡張するように、それぞれの場所に佇みたいと思う。そのためには深く空気を飲み込み、光を感じ、光を眼で食べるように、それぞれの場所を歩き回らなければならない。伝統的に知は、視覚・言語・思考によってつくられてきた。そしてそれらがもっとも有効な知のかたちだったことも確かである。それに対して、別様な経験のプロセスを進んでみようと思う。それが触覚・身体・制作という回路である。動作とともに動作の内と外を感じ取り、身体の新たな可能性を予感のように感じ取り、それが新たな経験の踏み出しにつながるようにプロセスを進んでみる。

日本各地には、いたるところに神社がある。あばら家のようなものから、ひと時の休息の場所、地域の集会場を兼ねているもの、その地域のランドマークのようなもの、そして立派な構えと威風をまとい、神々しさを前面に押し出したもの等々、さまざまな建て付けになっている。日本全国で、概算で七万個、八万個もあるといわれる。神社は、枯山水、玉砂利を配置したお寺のように過度に人工化された場所ではない。むしろ自然の景観を半ば残し、人間の生活圏と文化が、過度になることを抑制したかのような簡素さがある。半自然、半文化の場所だと呼んでも良い。

各地の一の宮と呼ばれるものは、それぞれの場所の喚起力を、そのまま活用しているところが多い。神社の精神性とは、「場所の喚起力」を最大限に活用することだとも思える。たとえば諏訪湖の近くには、諏訪大社がある。威容・威風で押し出しも良く、しばしばテレビ中継でも、イヴェントの様子が流される。ところがこれはこの地域の一の宮ではない。諏訪一の宮は、諏訪湖から三キロほど離れた、小高い岩山の下に作られている。素直に見ても、豪勢なものではなく、どちらかと言えば貧相である。だがこの一の宮は、場所の喚起力が抜群なのである。いまにも倒れそうな岩山の下の空気の通り道に、そのまま空気が通り抜け、なおそこにひと時、人が佇むことのできるような場所を設定すると、それがそのまま神社となったような造りである。別段、ここで霊感を持ち出す必要もない。また霊感を感じる必要もない。むしろ五感による環境と場所の感じ取りをリセットできる場所だと考えることができる。

この場所は、文化が自然性と折れ合い、自然性を浸透させたままであることが一つの文化となったような造りである。半自然、半文化という点では、生産的な生活圏に遍在する隙間にあって、なお自由度を残した場所であり、別の効果をもつ「里山」だと呼んでもよい。これは里山の語を拡張し、里山のイメージを広げることであり、神社を思想として意味づけることではない。里山という語を、さらに経験を広げていくために「隠喩」として活用することであり、語の来歴や意味の内実を確定していくことではない。

こうして既存の経験をリセットし、さらに新たな弾力を引き出すように進むプロセスを、さしあたり「経験の巡礼」と呼ぼうと思う。そこには多くの試行錯誤のプロセスがあると思える。そうしたプロセスをゆっくりとそして丁寧に辿ってみようと思う。

第1章
吟遊する哲学

Wandering Philosophy

さまざまな思いのなかに持って行き場のない思いがある。不意の出来事のように長年暮らした親族に死なれたとき、圧倒的な欠落感だけが残り、打ち消すことも引き受けることもできないまま、ただ時が過ぎていくことを待つ。何かをしたほうが良いと感じられるほどの空白感だが、何をしてよいのかもわからない。

正体不明の病気にかかり、いろいろと治療を試みるがまったく改善の兆しがなく、開腹して内臓をすべてとり出し、外科的な処理しか残されていないと告げられた時、いったい何が起きたのか、さらに何がこれから起きるのか、思いは繰り返しよぎるが、波うちぎわの像のように消えては次の像へと移ろい行く。医師はおそらくガンを疑っているに違いない。だが何度ガン検査をしても、それらしきデータは出てこない。こんなとき思いをめぐらせても無駄であることは十分承知している。だが承知すれば何かが変わるということはありそうにない。

二〇一一年の二月に私はこうした得体の知れない病気で、大きな手術を行った。大学病院での手術であるためか、一つの手術に医師が六人も付いた。一方では検査を行いながらの手術であった。そのためか五時間半を要した。前年の夏に検査入院を行った。どんなに検査を行ってもはっきりしたデータが出てこない。尋常ならざることは起きている。尿に便が混ざるのである。大腸と膀胱の間になにかが起きている。だが検査入院のために病室のベッドでごろごろしていると、症状らしきものが消えてしまう。おそらく大腸と膀胱の間にほんとうに小さな穴が開いているに違いない。だが、休養をとれば消えてしまう。ごくわずかの疾患でも、それとは桁の違う手術をしなければ対応することができない。

こんな手術を行って退院した後は、メスを入れた縦横の腹筋が繋がるまで、一日の大半は寝て過ごさなければならなかった。腹筋を切断したためか、当初は上体を起こすのにも難儀した。起きて歩かなければ合併症を引き起こしてしまう。だから立ち上がって短時間歩いてみるが、上体のバランス制御がうまくできないために、足首で地面を蹴って歩いているらしく、すぐに疲れてしまう。少しずつ状態が改善していくことを待つしかない。

その日も横になることが日課であるかのように、横たわっていた。じっと横たわることが仕事なのだと自分に言い聞かせて、ごろごろしているのである。午後のことである。突如家屋の下の地面が陥没したと感じられるほどの揺れが来て、その後大きな横揺れが続いた。部屋の本棚が揺れながら倒れかかるのではないかと感じられるほどの横揺れである。私は機敏にからだを動かして移動することもできない状態だから、ともかく小康状態になるまで待つしかない。大揺れが収まると、ともかくもからだを移動させて、階下のテレビを付けてみた。高台の幹線道路を走るトラックが列となって停止しており、周囲の田畑を覆うように海水が遡っている。いずれ幹線の列をなしたトラックも海水に浮かび押し流されていくに違いない。このヘリコプター映像には、端っこの方で煙が上がっている。海岸沿いの原発施設はどのようになっているのかと疑念が浮かぶ。二〇一一年三月十一日の大震災の開始の一場面である。こうした何世代かに一度の事象に直面したとき、誰にとっても過去の経験は役には立たない。またそこでの思いは、持って行き場がない。

それからずいぶんと時間は経過した。これほどの大規模な緊急事態に対して、哲学はいったい何ができるのか。これはそれ以降現在も抱えたままの問いであり、課題である。どのようにささやかにすぎることであっても確実にこれだという手続きや手順が見つかれば、思いは持って行き場を見つけたことになる。もちろん一般的になすべきことは無数にある。だがそれが惰性になれば、確実にたんなる自己満足に入り込んでしまう。こんな思いを抱えながら、なお試行錯誤を繰り返すよりない。たとえ持って行き場がなくても、なお前に進むことはできるに違いない。

かつて吟遊詩人と呼ばれた人たちがいる。一般には、宮廷音楽師ではなく、諸国を遍歴しながら歴史的な事件や史実についての物語を編み出し、歌い伝えるものたちである。ヨーロッパ中世の八世紀ころから十五世紀ころにかけて、歴史的な記録が残っており、ヨーロッパ各地でさまざまな呼び名で呼ばれていた。ギリシャでは、アオイドスと呼ばれ、近代語では、ジョングルーやミンストレルと呼ばれた人たちがそれに相当する。日本で言えば、平家物語を歌う琵琶法師がそれにあたる。職業としては流しの歌手だが、ときとして各地の事件や諸相を歌い上げて、詩歌の作詞、作曲を行い、語り継ぐ者たちもいたようである。一般的には歌を紡ぎ、声をかたちにして伝えていくものたちである。少し特殊な職能をもつものもいて、宗祇や心敬のような連歌師は、連歌の作り手として各地の大名に招かれ、連歌を教えていた。芭蕉や惟然のような俳諧師も各地を転々としながら一宿一飯の恩義のように、作品を残した。

おそらくそうした仕事のなかにも、思い余ったまま言葉にならない事態に直面したり、身の丈をはるかに超え出た自然事象に立ち尽くすよりない場面でも、その場にいて、なにかしら言葉を紡ぎ出し、思いにかたちをあたえてくれる人たちもいたと思われる。それはたとえ言葉を失ってもなおそこにいるだけで、無言のまま何かを語る人たちである。あるいはその場の声にならない声を感じ取り、その場になにかのきっかけをあたえる者たちである。さらには予想外の言葉の断片が、新たな脈絡を見出すようにその場の雰囲気に輪郭をあたえ、リセットしていく人たちである。周囲の人達はおのずと感謝の意をこめてもてなし、ひと時のねぎらいで恩に報いることになる。万葉集や古今集にも、そうした表現はある。

山上憶良という万葉の歌人がいる。国家や天皇家の行く末がいままさに盛んであることを高らかに歌い上げる宮廷歌人とは異なり、貧窮と寒さに耐えることを歌ったような長詩や短歌を残している。ささやかな日常に目を向け、言葉にしても誰に届くわけでもないような情感をかたちにしている。官僚であった本人自身が貧窮であったとは考えにくいので、立ち会ったその場の雰囲気や、聞かされた情景を詠んだものだと思われる。

貧窮を言葉にすることは、誰かに向かって改善を求めて自分の貧しさを訴えようとしているのではない。少なくとも憶良の歌にはそうした意向は出ていない。ましてや自分の困窮を嘆いているのでもない。だが持って行き場のない思いはある。その思いに区切りをあたえるような歌になっている。こうした万葉集では例外的な情感を歌っているために、山上憶良は「帰化人系」の人ではないかと言われたことがある。だが歌はあらかじめ届く先を決めておく必要もなく、またみずからの慰めに留まる必要もない。

吟遊詩人に匹敵するだけの言葉を、哲学はもつことができるのだろうか。それをさしあたり「吟遊哲学」と呼んでおく。自説が受け入れられず迫害をあまんじて呑み込み、エトナ山に向かう老いたるエンペドクレスや、終生居場所がなく一宿一飯の恩義のように『痴愚神礼讃』を書き上げたエラスムスや、失意のなかでパリからスイスに帰ってくるルソーは、そうした事例なのかもしれない。各人の人生上の行きがかりは、それぞれに固有の形をとるが、いずれもどこかに「放浪する言葉」が含まれている。一貫して世界や人間についての説明をあたえようとするのではなく、また整合的な説明図式をあたえようとしているのでもない。だが日々の日記やエッセイや自伝のようなものではない。彼らには放浪する言葉だけではなく、「哲学を捨てていく言葉」が含まれている。吟遊する哲学とは、ある種の「捨てる覚悟」のことかとも思える。時間と労力をかけて獲得し、修得したものを、みずから捨てるのである。この捨てるところが、新たな経験の出現の場所でもある。ルソーの『孤独な散歩者の夢想』の「第三の散歩」の冒頭では、次のように語っている。

「われ常に学びつつ老いぬ」
ソロンは晩年、この言葉を何度も繰り返している。年老いた私の身にも、この詩句の意味は思い当たるものがある。だが、私が二十年かけて培ってきた知識は実に悲しいものだ。こんなことなら無知のままでいたほうがましだった。逆境は、いい教師だが、その授業料は高い。多くの場合、学んだことの有益性よりも、支払う代価のほうが高くつく。

（永田千奈訳、光文社古典新訳文庫）

ルソーの場合には特殊な事情も絡む。主著である『エミール』や『社会契約論』が焚書となり、逮捕状が出たのである。追われるようにヌーシャテルに避難し、プロイセンに滞在許可をもとめて、フリードリヒ二世から許可をえる。ルソー五十歳の時である。ルソーの場合、ここからさらに十年近く騒動の渦中に巻き込まれるが、ルソー自身も反撃を繰り返し、ジュネーヴ評議会もそれに応戦している。波乱万丈の後半生である。

晩年の『告白』や『孤独な散歩者の夢想』は、弁明を籠めた自伝の体裁をとっているが、そのなかにも「知を捨てていくこと」の経験ののびやかさや、小さな心の起伏の弾力のようなものが出現している。ことにルソーの場合、たとえ老境にあっても、植物の観察に躍動しながら機微に触れる心の作動の快が回復されていく。

捨てることのなかで初めて見えてくるものもある。かつてアーティストのマルセル・デュシャンが、自転車をひっくり返し、いくつかの部品を取り去って、捨てながらおのずと止まる場面を探しだし、それをそのまま作品としたことがあった。自転車は、技術的には完成品に近く、小さな改良はあるが、機能的には完成の回路に入った技術であり、道具である。そこにはもはや多くの選択肢は残されてはいない。そこでその手前に戻ってみる。制作のプロセスは、ほとんどの場合、完成品に近づくように組み立てられる。そこでそれを逆回しにするようにして、手前に戻してみる。捨てていくのである。そうすると捨てることのなかでおのずと止まる局面がある。そこでは別様に進むことのできる道が浮かび上がることもあり、またそのままの状態を維持しても、それはそれとして成立しているような場面もある。多くの哲学の学説は、一貫した整合性を求めて、あるいは「純粋」という言葉に魅せられて、小さな完成品に行きついている。そんなとき捨てる勇気をもち、捨てる覚悟で物事に臨んでみるのである。

人はひとたび獲得したものを無条件で捨てていくことは容易ではない。そんなに簡単に人生はリセットできはしない。みずからの履歴を断ち切ることも容易ではない。一生の間に大きく変わることができるのは、個人差はあるが、二度もしくは三度が限度である。ころころ変わるようでは、いまだリセットでさえない。

次の進み方が見つかれば、すでに身に付いた知識や構想は、おのずと捨てられていく。だが観点や視点を切り替えるようにして、みずからをリセットすることはできない。観点の切り替えにさいして支点のように残っている、当の切り替え操作を行っている基盤そのものには、何も変化が及んでいないからである。たしかに「学んでも何もわからない、行為することが必要である」（ゲーテ）という言葉は、ここでも当てはまっている。

しかし次へと進む道筋がたとえ見えなくても、既存の知識や構想を捨てていくことはできる。それはある意味で言葉の出現する場所へと戻っていくことでもある。言葉の出現する場所とは、経験がそれとしてみずからを組織化する場所でもある。経験の新たな組織化こそ、吟遊哲学の課題の一つなのであろう。そのためには吟遊する哲学は、ある種の詩人でもなければならない。詩を書けば詩人であるというわけではなく、詩を書いていないので詩人ではないということにもならない。言葉の出現する場所に佇み、言葉とともに経験が動きを開始し、経験の動きが言葉とともにかたちをとる行為は、いずれにしろ詩的である。

これを言語的分節以前の世界へと認識をつうじて戻ることだなどと勘違いしてはいけない。言語的分節以前の世界とは、言語の出現後に始まったいわばごく最近の話である。言語的分節以前の絶対無分節な世界があり、そこへと回帰するなどという議論は、言語を獲得した後に言語の外へと何かを投射した認識によるある種の虚構である。こうした議論では、経験の組織化が語られることもなく傍らを通り過ぎられてしまう。あるいはなにか筋の違うことが語られてしまう。言語の出現する場所は、環境内であるいは世界内で行為する局面である。この行為能力の回復が吟遊哲学の課題である。行為と認識の間には次元上の違いがあり、それを認識の側から埋めようとすると、ある種の錯誤が生まれる。それは分かった途端に同時に壁に突き当たっているような倒錯である。この認識を括弧に入れ、行為の側から経験を組織化していくことこそ、吟遊哲学で試みられようとしていることである。

吟遊哲学のもう一つの課題は、人間の経験のなかで、埋もれてしまったさまざまな襞を明るみに出すことである。哲学の主要な仕事の場所は、やはり「言葉」である。しかし自然科学に倣って、実験をやってはいけないというわけではない。「脳神経系の事実」を手掛かりにするのであれば、必要に応じて哲学であっても実験をやってよい。近代当初、デカルトもベーコンも自分で、自分のために実験をやっていた。代数学も、当初は自分のために私家版を作ったというのが実情である。現代であれば、情報用のソフトやアプリを自分で作っても良い。さらには芸術領域では、真似事のように絵をかいても良い。あるいは社会調査のようなフィールドワークをやってもよい。哲学はどのような手段でなければならないという限定は、どこにも設定されてはいない。こうした手段をどのように駆使しても、やはり哲学の主要な土俵は、言葉である。

本当に不思議なことだが、人間の言語のなかには、なんとなくわかるが、意味の内実はどのようにしても確定しないようなものがある。しかもごく身近にかなり多数ある。心、精神、魂、生命、身体、意識、存在、重さ、自然、世界……等々である。ソシュールの言語論によれば、音のまとまり（たとえばウミ）とイメージ（青々と広がったもの）が、一対となったものが言葉（語）であり、音のまとまりがシニフィアン、イメージがシニフィエと呼ばれ、両者の間には一対一対応がなく、対応恣意性がある。確かにあの眼前に青々とひろがったものを、各国言語では異なる音のまとまりで呼んでいるのだから、一対一対応はない。ところがそれ以上に、たとえば心や精神という語に対しては、どのようなイメージが対応するのかの範囲が決まらない。こうした事態は、対応恣意性ではなく、そもそも「対応不全」である。そのことはイメージが、基本的には視覚イメージから採られていることにも関連している。こころは一つの活動であり、視覚イメージのなかでぴったりとするようなイメージを見つけることは容易ではない。活動は、そもそも視覚的に見えるようなものではなく、像になれば活動の影になってしまう。そのため視覚的イメージを見つけたと思った途端に、すれ違ってしまうこともある。活動を捉えるには、運動性のイメージや触覚イメージが必要となるが、それらを獲得するためには、なにか固有の訓練のようなものが必要となる。

また自然というとき、何を思い浮かべるかによって大幅に自然という語の感触が異なってしまう。大地から生え出たような巨大な岩を思い浮かべるのか、シェリングの自然哲学のように渦巻や竜巻を思い浮かべるのかによって、そののちの考察や展開の道筋は大幅に異なってくる。こうした意味内容の確定できない言葉に対して、そこに新たな意味内容や新たな語の活用の仕方を作り出そうとするのが、哲学の作業であり、そのとき新たな体験の領域に踏み込めるかどうかが分岐点となる。新たな体験に踏み出せなければ、ただ別様に語っただけである。

このとき必要となるのは、語に無理に意味を帯びさせて、語から体験を導くようなやり方をしないことである。言葉に無理に意味内容を担わせれば、語は概念として自立していくが、それによって経験に弾力が生まれるわけではない。なによりも言葉に本質を担わせてしまえば、個物の個体性に届かなくなってしまう。言葉とともに経験の自在さを回復し、体験の内実を言葉によって語るのではなく、言葉とともに体験そのものが形成されるように活用することが必要となる。どのようにしても本質に向かおうとする傾向は、哲学の負の宿命でもある。この本質への憧憬を、経験の展開可能性へと接続していくのである。

環境という語にも、同じ課題が突きつけられている。環境とは一般に人間を取り囲むものであり、人間の行為をつうじて、さまざまな姿を現す。環境の奥行きも底も、限りがない。文明は巨大なビル群を作り出す。上海の海岸沿も、横浜埠頭も、ニューヨーク・マンハッタンも、巨大なビル群が作られている。あれは人工的に作られた岩なのであろう。地球の大半は、砂漠と岩だから、文明化の結果、これらは地球本来の姿に意図せず向かっているとも思える。

岩には響きがある。岩畳は広大で平らな一面の岩であり、不思議な安定感がある。その上で飛び跳ねてみると、ゆっくりと跳ね返すような弾力はない。むしろびくともしない。飛び跳ねた足が跳ね返されただけで、変化が起きたのは足だけである。岩そのものが押し返すことはない。硬さが内部まで貫いており、ぎっしりと詰まった硬さという感触である。コンクリートで作られた階段では、内奥まで貫かれた硬さを感じることはまずない。むしろ内部には小さな空洞が無数に空いているのだろう。それも人間の目には見えないほどの小さな空洞である。

岩は隙間に応じてさまざまな響きを作る。響きによって、岩のもろさ、岩の硬さを感じ取ることはできるに違いない。これは職人芸である。コンクリート打ち付けのトンネルの天井は、余程の亀裂が入らない限り、目視では現状のもろさを感じ取ることはできない。木槌で叩くと、表面のもろさはただちに分かる。だが響きのモードからコンクリートの弾力を感じ取るためには、相当の訓練が必要となる。響きによって岩の個性を感じ取ることができるかもしれない。ぎっしりと詰まりすぎた岩には、響く余地さえない。逆に押せば形が変わるものには、響くための内的な弾力がない。そのため響きは個物の個体性のモードとなる。

響きは、たんなる振動ではない。振動が共振して、ひとつの個体性となったものである。そのため物の凝縮のモード、物のなかの隙間の度合い、部分の振動しやすさ等々がかかわる複雑な事象である。響きは、物を感じ取るためのまたとない教材なのである。

海という環境は、現時点ではほとんどのことが分かっていない。陸であれば断層の歪が蓄積すれば、微細な振動のようななんらかの兆候はある。ところが海底の断層の現状がどのようであるかは、ほとんど不明である。巨大な変化が水面や地表に現れるまでは、何が起きているのかについて、ほとんど手掛かりがない。人間の五感で感じ取れるほどの事象が出現した時には、すでに手遅れということが多い。石巻は、北上川の両岸に形成された市である。この地区の高齢者には、三陸地震、チリ地震、そして先回の東日本大震災と、三度にわたって住居を奪われてきた人たちがいる。三度目の大震災の時には、もはや登ってくる津波を見ることさえせず、それに背を向けて迫り続ける轟音だけを聞いていた人もいる。

かつて石巻市の牡鹿半島で、刺し網漁に連れて行ってもらったことがある。この漁場周辺の区長も務めた甲谷強さん（八十七歳）の漁船に乗せてもらい、港を出た。甲谷さんは、港脇の岸壁に打ち付ける波の白さを見て、沖にはそれほど波はないだろうと語っていた。風が強く波が荒ければ、沖の海岸の上に福島の山が見えるという。各地区の気象台による予報とはオーダの異なる、環境内での気象の感触がある。当日の気象はまずまずである。港を出ると、小さな船は揺れた。船板一枚、下は地獄である。とても素人では立っていられそうにない。トナーで魚影を読み、目印の浮きを投げ入れ、移動しながら、甲谷さんは刺し網を降ろし始めた。半島の岸壁から百メートルほどのところに網が張られた。海底まで約百メートルとのことである。刺し網は五十メートル程度の広さに張られ、そこを通過しようとする魚がそのまま引っかかってしまう。潮の流れを読み、魚の通る方角を知り、魚の通る深さを知らなければ、この漁はできない。

港を出る前に、甲谷さんの自宅で、少し聞いてみた。たとえば松茸を採りに行って、次々と松茸に遭遇し、籠一杯採る人と、同じ地区をいくら歩き回ってもほとんど松茸を見つけられない人の違いは何かと聞いてみた。甲谷さんは、話したいことはたくさんあるようであった。ところが万感の思いを込めて、ただ一言「探求心」だと答えた。七十年を超えた蓄積のある「探求心」である。情報として聞いたのでは、この七十年の探求心は要約されて、ただの意味になってしまう。網を降ろして港に帰ると、翌朝五時に来てほしいとのことである。この日は大漁であった。近所の漁師が、どこで網を張ったのかを聞きに来た。甲谷さんは、精確に場所を伝えていた。それでも「おそらくあの人の網には魚はかからない」と言う。光の量と海水に差し込む深さ、風に左右される海水の流れ等々を読まなければならないという。個々の魚から見て、海はどのように見えているのかと思う。魚の眼は、四原色である。魚にとっては、海の鮮やかさの次元がホモ・サピエンスとは異なるのだろう。

身体にとっての外的環境と並んで、「内的環境」というものがある。十九世紀後半にフランスの医師クロード・ベルナールが発案したもので、生理的条件を一定に整えるように維持された生体内環境のことである。可能な限り、生体は均衡状態を維持しようとする。この均衡維持の仕組みは、その後の生化学、生理学の方向付けをあたえることになった。健康であるとは、この内部環境が透明になり、なにも感じられず、おのずと作動する自然状態のことである。

私自身に起きたことで、また多くの人にも起きる可能性があり、簡単には対処しにくい病態がある。いくつもの仕事が重なってきて、疲れが蓄積すれば、かつてのように食べて乗り切るということは、年齢的にもはやできなくなる時期がある。更年期性の睡眠障害も重なり、うまく眠ることもできない。

二〇一六年の夏に、私は医師から警告を受けた。高血糖症、糖尿病の初期症状が出ており、専門の内科医を受診して、早急に治療を行うようにとのことであった。私には身に覚えがあった。視界が暗くなり、眼が見えなくなってしまう。喉に妙な渇きがあり、それは水分が足りていない渇きとは異なる。体重が落ちて、かつて着ることのできなくなっていた洋服が、らくらくと着られるようになっていた。ダイエットもしないのに、体脂肪がどんどんと落ちている。何かあると私は感じていた。

そうした症状は、二〇一六年四月頃から顕著になった。私の生理的内部環境ははっきりと変化し始めた。ワイシャツの首のボタンが簡単に留まるようになり、左肩の肩周りにだぶつきがある。それだけではない。最寄りの駅までの通勤路で、電線に止まっていたカラスが、下降してきて、私を襲うようになった。後にこれらは糖尿病の兆候であることが自分自身にもはっきりとしてきた。襲ってきたカラスは、私に死臭を感じ取っていたのだろうか。

ともかくも私は最寄りの大き目の検査施設の整った病院に出向いた。六月下旬のことである。内科医は、検査の数値を見て、「歩きながら死ぬ、手足が腐って指を切り落とす、今夜から入院させて一日四時間の透析につなぐ」と言いたい放題のことを言った。実際にその程度の数値だったのである。最後にその医師は「私は、糖尿病の専門医ではない」と言った。

翌週、同じ病院の内科の専門医を私は受診した。検査結果は、途方もない数値であると、専門医は繰り返し強調したが、病因を探りながらの治療になるとのことであった。食事療法、運動療法、薬剤の投与の三治療を行うことになった。ともかくも食べる量を減らし、タンパクと野菜を多くして、ご飯を減らすこと、毎日運動すること、インシュリンの投与、糖尿病薬、コレステロールを止める薬の三種の薬剤を使った。

季節は夏場である。私は、毎朝走り込むことに決めた。朝五時には明るくなり、気温もまだ低いので、ともかく走り込むのである。医師も栄養管理士も、体重を減らすように言った。身長から割り出した私の適正体重は六五キロである。六月末には六九キロだった。しかし私の活動ペースからして、七五キロが必要であり、適性だと感じられた。このあたりは個人差が大きく、もっとも適正な体重を探らなければならなくなった。

赤血球の周囲の血糖値平均で、健常状態の上限が八、さらに九を超えると糖尿病の疑いがあるという数値（HbA1c）がある。六月末に最初の診察を受けたときには、その数値が一三あり、誰が見ても異常であった。医師の「歩きながら死ぬことになる」というのはあながち誇張ではなかった。このままでははっきりと糖尿病になり、それを放置すれば多臓器不全となる。春に政治家のH兄弟の弟が、がりがりに痩せて亡くなった。これと同じ病態となる。放置すれば何が起きるのかははっきりしていた。ともかくも治療生活である。ひとつひとつ克服する以外にはないと覚悟を決めた。

三週間でその数値が一一、次の三週間で九、その次の三週間目は同じ月で保険がかからず、検査なしだったがおそらく七・五程度まで下がった。そしてさらに三週間で五・九まで下がり、医師も驚くほどの数値が出た。その間に私の実母が亡くなり、葬式を行った。葬儀の日だけは走り込みを中断した。ここまで血糖値を下げると、今度は低血糖症がしばしば出るようになった。貧血が起き、ときとして意識が遠のいてしまう。

現状では、健康平均水準の七を下回っているのだから、かなり良い数値である。ただし急激に血糖値を下げたためにリバウンドの可能性があるので、しばらくは注意をしながら様子をみるしかない。このタイプの内科疾患は、通常は体重を減らして血糖値を下げる。そのため、がりがりに痩せて血糖値を下げている症例も多く、よくこんな体で生きていると思えるほど痩せてしまうことがある。私が治療を開始した六月下旬に体重は六九キロで、現在が約七五キロに戻っている。

体重を増やしながら血糖値を下げたのである。やり方は簡単だが、実行は容易ではない。食事療法で、野菜とタンパクを主として、さらに体重を増やすために毎朝走り込んだ。夏の間、毎朝走り込むことは容易ではない。調子の良い日もあれば、苦しい日もある。苦しい日は、走る速度を落としながら、身近の特定の人物を思い浮かべながら、「あいつより先に死んでたまるか」と思いながら走る。これがなかなか効果がある。またこういう場面で思い浮かべると、十分に効果を発揮する特定の顔がある。ほどほど親しくて、しかも過去にいくぶんか迷惑を被ったような人である。

今回の病態は、おそらくインシュリンの不足で、糖分が組織細胞内に運ばれなくなり、そのための栄養源として脂肪をもやして体重が下がった一方で、血中に糖が残り続けたせいだろう。エネルギー源として燃やしたために、幸いに身体を取り巻いていた体脂肪率は下がった。ダイエットなしに体脂肪を下げたことになる。積年の疲れの蓄積で膵臓でインシュリンが作りにくくなったか、体内で作られたインシュリンが効きにくくなったのだろうと医師は推測した。

幸いにも体脂肪は下がったのだから、さらに筋肉を付け直して、体力を上げていくという方針を私は採ることにした。インシュリンを投与すれば、血中から組織細胞に糖分が回される。そこで運動をして細胞の代謝率を上げれば、急速に血糖値は下がる。つまり運動によって糖を燃やすのである。筋肉を付ければ、十分に糖の代謝は行われ、時間をかけて運動すれば、有酸素運動だから、どんどんと糖は燃えてくれる。毎日がこれの繰り返しであり、うまく回り始めれば、高血糖症や糖尿病は難しい病気ではない。私の場合、身体に十分な弾力が残っていたのである。それとともに電信柱の上のカラスが、私を見かけ感じ取ると、途方もない遠くまで逃げるようになった。こうした経緯から人間は何度もリセットできるのであり、そのときの感触は、約三か月は一貫した生活をすることだと思えた。

毎日走り込む日課は、私にはそれほどの負担ではなかった。食事もおいしく食べられ、よく眠ることができるようになった。快食、快眠は申し分なかったが、快便はそうもいかなかった。むしろ過度に快便すぎたというべきなのかもしれない。歩き、走れば、腸の蠕動運動が促進され、苦も無く通便するようになった。しかもそれがジョギング中にも起きた。肛門の近辺の筋肉に力を籠めて、なんとか漏れ出さないように工夫する。工夫というよりは、必死であがくのである。それでも我慢しきれなくなれば、近くのお寺の境内や空き地の灌木の陰に駈け込んで、急いでしゃがみこんだ。早朝のことだから人通りはない。直腸付近からまとまった量が押し出され、大きく一息ついて、私は中腰のまま、周囲を見回した。左前方二メートルのところに小さな看板があった、そこには「犬のフンは持ち帰りましょう」と書いてあった。

内科の病態は、数値が正常に戻って以後が長い。継続して行われている治療を徐々に減らし、治療行為そのものを差し引いて、なお健常状態を維持できなければならない。私は医師の指示で、当初毎日一〇ミリグラムのインシュリンの投与を行った。それを八ミリグラム、六ミリグラム、四ミリグラムと数か月かけて徐々に減らして、それでも血中糖分の値を維持していなければならない。人工的な治療効果を少しずつ差し引いて、本来の自然体に戻していくのである。

行っていた治療を止めて、それでも生理的内部環境を維持しなければならない。そこに時間がかかる。年越しの冬場も、私は毎朝走りつづけた。その結果、顔の色つやも戻り、しかもまるでゴキブリのように黒光りがしてきた。

内部環境は、基本的には平衡維持である。この定常性に大きな変化がおよぶと非可逆になってしまう事象がある。環境全般についても同じようなことが当てはまっている。地球表面の温暖化もその一つである。ひとたび気温が上昇すれば、容易なことでは元に戻すことができない。それだけではなく、ある温度以上になると、別の回路が作動し始めて、まったく別の現象が起こり始める。

自然環境の大半は、自己組織化を基本にしている。小さな変化が、プロセスを経るうちに巨大な変貌を引き起こしてしまうような事態である。環境内に含まれるシステムの機構のなかで、特段に重要なものだけを取り出してみる。

大きな変化の場面では、その手前に「二重安定性」の局面がある。水が氷になるような局面で、〇度以下になってもしばらくは水のままである。ところがなにかのきっかけで、氷が出来始めると一挙に氷になる。氷の状態で、逆に温度を上げていくと、固化が始まる温度を過ぎ、さらに〇度を超えても、簡単には氷は解けない。水が氷になるプロセスと氷が水になるプロセスは、回路が異なっている。その二つの回路の間に、流動的な安定状態がある。ここが平衡維持の範囲である。平衡維持とは、数値の一定した安定状態のことではない。それは測定された影のようなものである。むしろ平衡維持とは、動的な弾力のことである。そのことを五感で感じ取るためには、それなりの訓練が必要である。

創発もしばしば起きる。「創発」とは、作動する系に新たな変数が出現するようなもので、新たに出現した変数によって、系全体の作動が組み変わってしまい、履歴がかき消されてしまうような場面である。海岸沿いの湿地帯で海水の浸水の度合いが増して、ながらくそこに生息していた植物がまばらになるような場面に直面したとする。そこで海水の浸食を止め、淡水化しようと堰を作り実行すると、まばらになってしまった植物がさらに全滅してしまうというような事態が、北海道東部で起きたことがある。このとき起きたことの内実の詳細はわからない。長年の海水の侵入によって、海岸沿いの植生の制御変数の状態が変わってしまっていた可能性が高い。

幼児の発達のような場面で考えると、鉛筆を幼児に渡し、幼児は手元にある穴に渡された状態のまま差し込む動作を行っている場面を想定する。何度か繰り返している間に、幼児は渡された鉛筆を削ってある方を下にして差し込む動作が出現する。削った側を上にして渡しても、下にして渡しても、穴に差し込むさいには削った側を下にして差し込む。ここでは動作に選択的な制御が出現している。これ以降、幼児はそれ以前の動作がまるでなかったかのように、鉛筆が渡されれば、削ってある方を下にして差し込むようになる。動作制御の新たな変数が出現してきて、動作制御が組み変わってしまう事例である。新たな制御変数が出現すると、それまでの履歴は基本的にリセットされてしまう。

さらに「形の変化可能性の度合い」と呼ぶべきものがある。これには知覚の訓練が必要となる。星状のヒトデとイカを思い浮かべる。ヒトデは放射性動物であり、イカは頭足類である。形は極端に隔たっていて、両者の間にはなだらかな変化はないように感じられる。知覚はかたちを捉えることに長けているので、ヒトデとイカはまったくの別種で相互に移行はないとみなすのが普通である。アリストテレスもキュビエもそう考える。ヒトデの口は海底の方にあり、微生物を濾し採って食べている。海面から見えているのは背中である。そこで力学的に背中と口を引き離すように、背中と口をもって両側に引っ張る。中央付近に五本足がある。この五本足を口の方へと折り曲げる。そして五本足それぞれの中央に切れ目を入れると、かたちはイカ状になる。そうするとヒトデとイカは、知覚ではまったく異なったかたちに見えているが、かたちを表示する座標軸を少し工夫すれば、ほぼ同じような位置に映し出すことができる。力学的な変換をかければおなじかたちになるものは、基本的には同形である。そうなると「可変性の度合い」を含んだ知覚をもたないと、環境内で起きている事物をうまく捉えることができなくなる場面がありそうである。

こうして形の可変性の度合いを含みながら、ときとして創発も起こりうるという予期をもつような感覚・知覚を、形成しながら、環境内で多くのものごとを感じ取る作業を行ってみたいと願っている。実はこのことは「かたち」だけが問題なのではない。かたちは人間の眼にとって、もっとも見えやすい。ところがエネルギーや活動は眼に見えるものではない。その眼に見えないものを感じ取り、さらに可変性の幅を感じ取っていくことも必要となる。

吟遊哲学とは、そうしてみると行き先を定めず、またあらかじめ設定された獲得すべき目標もなく、それでもなお経験の弾力を回復し、増大させていくような試行錯誤のことである。ここ数年、多くの場所を歩いた。歩くことで、見聞を広めるだけではなく、経験そのものの弾力を回復し、経験を作り上げていく回路をすすむことができれば、まさに経験のオートポイエーシスへと接続していくことができる。そうした試みを進めたいと思う。

第2章

ワールズ・エンド

World's End

2－1

チェジュ記

Notes of Jeju

韓国・済州島　二〇一二年八月

チェジュ島（済州島）は、溶岩性の島であり、島のいたるところに洞窟がある。中腹には山がある。最高標高は、千九百メートルほどである。稜線のうち海岸にもっとも近い稜線の丘の頂上付近には、旧日本軍（五十八連隊）の作ったコンクリート製の見張り台が今も残っている。路線バスでこの山（漢拏山）を上る途中でも道路工事を行っていた。道路の中央が突然陥没したような大きな穴が開いていた。いたるところにそうした洞窟状の地中空洞がある様子だった。島全体は、溶岩性の爆発の後、平らに盛り上がったドームのようになっており、海面との接点部分は断崖絶壁が多く、盛り上がった溶岩が海まで流れ出したところが、なだらかな丘陵となり、そこは海水浴場としても活用されている。

島の東北部には、「万丈窟」（マンジャングル）と呼ばれる巨大な洞窟があり、世界自然遺産に指定されている。一般人に公開されている範囲でも洞窟内一キロの歩行距離がある。海岸近くまで流れ出た溶岩が、流速を増した雨水によって削られ、中空状に崩れ落ちてできたものであり、地表表面まで崩れ落ちた地点の一つが、出入り口になっている。夏でも十八度と圧倒的に気温は低い。入り口の階段を下りると、冷気が上がってくる。異様に湿っている。洞窟内に水が入ると、真夏でも乾くことはない。日本の氷室に似ている。天然の冷蔵庫である。真夏にはありがたい。しかし観光以外にどの程度の使い道があるのかは、わからない。

またこの洞窟のさらに東北方向の海岸には、海岸と絶壁が接した巨大な隆起場所である「城山日出峰」がある。異様なほどの巨大絶壁で、朝早く登り、頂上で日の出を見るそうである。この絶壁も世界自然遺産になっている。定期バスが、すぐ麓まで入り込んでいる。この絶壁の実際の高さは、百八十メートルほどで、スカイツリーどころか東京タワーにもはるかに及ばないが、すぐ麓で見上げるために、巨大な絶壁と感じられる。絶壁は溶岩性の岩で、いくつもロッククライミング用のコースが取れそうだが、放置すれば怪我人、死人が多く出る。

洞窟付近の森は、独特の植生がある。松でも杉でもない。韓国でもチェジュ島にしかないようである。「コッジャワル」と呼ばれる葉緑樹であり、一年中緑である。粘性の高い岩塊状の溶岩に形成された森であり、地下水を涵養している。絶滅危惧野生植物も少なくない。ブナ科のイチイガシ、クロウメモドキ科のハマナツメ、イワウメ科のイワウメ、マメ科のミヤマトベラ等々である。また特産植物には、サイシュウモミ、サイシュウバライチゴ、オオベニウツギ、サイシュウシャジクソウ、サイシュウザサ等々がある。

畑を耕せば間違いなく大小の岩が出てくる。火山灰が少なく、灰でできた表土が少ない。そのため広い農地を作ることは難しい。岩が出てくるたびに、畑の周囲に積み上げてある。個々の畑の周囲は、多くの場合岩に囲まれている。それは見かけ上は、畑を守るかのように周囲四方に積み上げられている。だが実情は、他に持って行き場がないということに近いだろうと思える。現在でも畑から岩が出てしまうのである。柔らかい粘土質の土が必要な稲作には、適していない。

城山日出峰

ゴッジャワルの森

こうした自然発生的な岩を集めていた地元の収集家が、何人もいただろうという推測は容易にできる。岩は自然漱流、疏形によって、さまざまなかたちを取っている。魚や鳥に似たもの、複雑な造形物に近いものまで多数の石がある。面白い岩を集めておくというのは、博物学的な関心である。大小の岩があり、大きなものでは四、五メートルあり、石や岩を集めただけでも圧倒的な多様さが出現する。そうした石を集めたのが、「チェジュ石文化公園」であり、その内部に作られた博物館である。

この石文化公園は観光ガイドではほとんど紹介されることはないが、世界でもごく稀な石文化博物館である。公園を一渡り見学するだけで、三時間程度かかり、敷地面積も異様に広い。この博物館は、もう一つの世界の石の文化であるギリシャ文化と比べると文化の質がよく分かる。チェジュ石文化公園は自然状態で作られたものを見つけて集めただけなのである。彫刻といっても、地蔵のような顔彫刻（トルハルバン）であり、身体とりわけ均整の取れた身体への関心はほとんどない。石の多くは、地元の収集家が集めていたものを寄贈したのである。宣伝の仕方が悪いのだと思うが、加工度を下げて自然状態での「自己組織化」による造形を集めたのだとすると、世界でもめったにない石文化博物館である。この回廊の一部には、休息室がいくつかあり、そこのソファーも石でできている。石のなかでも柔らかい石である。溶岩石の特徴で、水に浮かべれば浮いてしまうような隙間だらけの石である。

公園内には、民家を集めた一角があり、いずれも石と赤土でつないだ塀でできた家である。これでも雨と風はしのげる。屋根はかやぶきであり、暑さはよく吸収している。柱はない。石で塀を作っており、間取りをしようと思えば、室内に石の塀を作る以外にはない。その場合でも作りはツーバイフォーと同じなので、無理があるとは思えない。

島の産業は、もっぱら漁業と観光であり、宿泊したチェジュ・ロイヤルホテルも中国人観光客で溢れかえっていた。朝の五時頃から隣の部屋で夫婦で怒鳴り合うように大声を出している

石文化公園

石文化公園の壺列

ので、会話の内容は分からなくても、おそらくそれは中国人だろうと察しはつく。韓国料理は、辛いだけではなく、ただひたすら粗暴である。素材を食べる粗暴さが、特徴である。野生と呼んでも、自然性と呼んでも言葉の違いである。日本の寿司のように素材の微妙さや繊細さを引き出すのではない。鯛の刺身も、黒豚も素材としては上級の素材である。それを生のニンニクやタマネギやニラとともに、ただひたすら猛烈に食べるのである。野菜はすべて生であり、極端に辛い。それも素材である。鯛の味を、生のニンニクが消してしまう。少なくとも日本人の味覚ではそうである。現地の人たちは、それでも鯛の味を見分けているのかもしれない。そのあたりのことは分からないが、韓国料理は容易ではない。

素材の活用の仕方、素材への感度がまったく異なるという印象である。日本にも辛さを基調とする食材がある。たとえば山葵である。しかし山葵の葉を直接食べるようなことはない。練り物にして濃度を調整し、場合によってはネギやヌタで和えて重要な隠し味として活用する。だが辛さを直接食べることは少ない。素材は包まれるように含まれ、そのまま維持されているが、和え物となっていることが多い。これに較べると韓国料理は限りなく素材そのものであり、それを料理として調整するのではなく、各人が自分で食べる量を決めるのである。日本料理の要は、珍味の活用である。辛さではなく「苦み」を食べているのである。サザエの壺焼きのワタとかホヤは内臓まで酸味を和えて食べる。味の多様度が最初から異なっている。もっとも辛さの質を感じ分けるところまで、現地の人たちは進んでいるのかも知れない。夕食は、観光客用のレストランではなく、地元住民がよく使う名物店を選んでもらった。そうした店が食文化の質がもっともよく出る。

チェジュ市に海産物卸売市場のようなところがある。露天に近い店舗が並んでおり、おそらく早朝に水揚げされた魚を売っている。周辺にはハエが飛び交っており、店番のおばあさんが団扇で追い払っている。一九六〇年代には、日本の港町では多くみられた光景だと思う。商品は、冷凍やパック化はされていない。小型の生簀には、体をぶつけ合うほどの魚がびっしりと泳いでいる。生活の地が加工されないままそのまま出ているという感触である。生活の力強さとそれで生き抜いてきたものの年輪の蓄積を感じさせる。何度か乗った公共交通の路線バスも、前を走る乗用車の遅さにいらだち、乗用車を警笛で威嚇して走っていた。どのバスの運転手もそうなのである。運転手は、ぶつぶつ一人ごとをつぶやいている。それを訳してもらったところ、「糞ったれ、死ね……」とかつぶやいているようである。感情の制御の仕方がかなり異なる。激しい感情を動かしても、すぐにけろっとしている。むしろ余分な制御をかけないことに近い。

離れ島特有の怨、恨み、憎のようなものはほとんど感じられない。日本の佐渡島は流罪島であり、犯罪者の流された島である。日蓮も世阿弥も佐渡に流された。幕府が危険だと感じたものを流したのである。そして洞窟のような金鉱山で否応なく働くのである。島根の隠岐の島には伝統的に政治犯が流された。政争で敗れたものは犯罪者ではないが、隔離する必要はある。隠岐の島の住民には高貴な顔が多い。こうした流罪の歴史は、どこか島全体に陰影を帯びさせる。寂寥や哀調や悲嘆や暗さを帯びている。チェジュにはそうした陰影が感じられない。陰影の一つが、自分自身に対する複雑な言い訳であり、そこには自己憐憫が含まれる。チェジュは、こうした複雑な言い訳には無縁である。事実、生のニンニクの辛さに対しては、どのような言い訳も無効である。

料理室を舞台とした「ＮＡＮＴＡ」の公演は、まな板や鍋を楽器として使うもので、コメディ・ミュージカルである。多くの国々で公演を重ねているようである。包丁を打楽器として活用するので、かなり練習を積まなければできない。笑いの質が直接的でシンプルである。作品の構成は、作り込んであるが、無理に詰め込んだ部分も多い。幼児から大人までただ素直に笑うのがこうした作品への作法である。文化とは、素直に笑えないことの別名である。日本で全盛のお笑い文化は、相当に複雑で難しい笑いを引き出している。これに較べると、この公演の笑いは、道路を歩く人がバナナの皮で滑って転ぶような場面でできている。ベルクソンに笑いをまとめて分析した著作がある。そこでの一般的な分析は、日常的に想定される予期から逸脱したものを、人は笑う、というものである。そこには多くのモードがあるが、もっとも直接的なものがずっこけである。

スマートシティは、島の東北部一帯にある。海岸には、巨大な風車が並び、家屋の屋根には発電用パネルが設定されている。こうした大規模スマートシティの計画には、政府系機関、複数の大企業（サムソン、ヒュンダイ等）、地方自治体の参加と協力が不可欠である。計画自体は世界のどこで行っても似かよったものとなる。計画だけであれば、日本でもすでに実行できている。それを地方行政単位を巻き込んで、着実に実行する局面に入っているのが、チェジュの特徴である。自然の素材をそのまま活用するという文化的資質にもよくあっている。チェジュ島の地理的位置は、対馬の西方であり、恒常的に風が吹いている。しかもかなり強い風である。島の中央にある「漢拏山」中腹でも恒常的にかなりの風速があった。資源の乏しい島だから、自然資源と言えば、風と光である。通訳をやってくれた哲学科三年生の女子留学生は、チェジュの資源は、「石と風と女」だと言っていた。

東アジアの男の影は薄い。世界の偉人百名というような話題では、日本でランクインしそうなのは、卑弥呼や紫式部や清少納言で、日本の男は一名も入りそうもない。日本の神話のなかの天照大御神はもちろん女である。チェジュには、いくつかの民話（土着的神話）がある。最も長編で大きな物語が、『慈充姫（チャチュンビ）神話』（秦聖麒著、二〇〇七年）である。慈充姫は、シャーマンで現実世界と死界を行き来でき、この民話は本来神々に語り聞かせる神への捧げものである。民衆の間に語り継がれた物語を聞き取り、活字化したかたちで成立している。その途上で、多くの語り足しがあったと思われる。慈充姫は、死者を再生させるために「西天花園」（仏教的には西方浄土）に赴く。その途上にさまざまな出来事がある。男の代表格であるトリックスターのエロ爺・肥満男「丁雄男」（チョンスナム）を連れて、旅の途上で水が飲みたくなり、水を飲もうとすると、丁雄男がそれにはふさわしい作法があるという。そこで慈充姫は、全裸になり、陰毛をたばねて葛の蔓で結びつけ、引き込まれないようにして、腰をかがめて水を飲む。そこで丁雄男は、山の神に向かい「大穴、小穴見とくなーれ」と叫ぶ。

慈充姫は、このエロ爺に向かって「なさけない男」だという。実に堂々とした生きる力の漲る、力強い女性である。この力強さは確かに一つの資源である。ただこれが「いい女」かどうかはまた別である。

自然エネルギーの利用は、原発のような複雑な施設は要らない。風を利用するためには、空気の流れを回転運動に転換する巨大扇風機があればよく、日照量を活用するためには、現時点では太陽光パネルを置くだけである。太陽光パネルは、仕組みじたいはすでに行き止まり技術である。もともと軍事用に開発され、宇宙で活用されていた技術をそのまま用いている。技術のなかには、自転車のように基本的な仕組みの点ですでに行き詰っているものがある。あとは効率を上げるだけになる。これに対して、地熱発電は日本でもほとんど活用されていないが、技術革新の可能性の宝庫である。石油を掘る技術はすでにあり、深度四千メートル程度は掘り進むことができる。その深度の位置で、熱を電気に代えてしまうのである。

自然エネルギー関連の事態は素材を採集してそのまま食べる韓国文化に、とてもよく合っている。ここでの自然エネルギーの特徴は、熱を介さないことである。水蒸気にしてタービンを回せば、副産物として熱が出る。熱はエネルギーのゴミなので、電力を作り出すために、膨大なゴミを出していることになる。原発では、さらに反応後の未処理放射性物質という捨てることのできないゴミがある。自然エネルギーを活用する感度は、日本とはだいぶ違う。チェジュは水が少なく、地熱もない。自然エネルギーとハイテク機器がつながっているのが、この地の環境エネルギーの特徴である。情報機器は一面では高度な機能性をもつ。それと自然エネル

エロ爺のトルハルバン（顔彫刻）

ギーは容易なことではぴったりと釣り合うことはない。ただし情報とは熱を発生しないシステムの多様度のことだから、その点では仕組みは本性上同じである。

自然エネルギーには、容量の一定性と恒常性がない。それを恒常化して蓄積する技術が必要となる。巨大なバッテリーが必要であり、電圧を一定に保つ整流器が必要である。ことに電気は流れるのが本性であり、蓄えることは電気の本性に反する。それを技術によって貯めるのである。小規模には、電池は小型のバッテリーである。これを大型化すればよいのだが、各家庭に設置できるバッテリーの大きさには限度がある。さらに社会的な供給源施設を作るためには、技術的改良が必要となる。

電気自動車も、同じ問題を抱えている。現段階では、エンジンに比べてモーター自動車は走力、持久力、エネルギー補給時間のいずれでもまだまだ大差がある。大型のモーター自動車は、まだ無理である。せいぜいゴルフ場で小型自動車を活用する程度である。また一回の充電での走行距離が短い。ひとたび放電した後の充電まで時間がかかる。十分に充電するためには、一晩かかる。そのためかなりの期間は、エンジンとモーター併用の自動車が続くのではないかと思える。ガソリンの値段が釣り上がってくれば、経済的な理由で電気自動車がさらに普及する。

一般に電気自動車は、二酸化炭素を出さないと言われている。しかし原発でも二酸化炭素は排出されない。だから排出される二酸化炭素量が問題の焦点ではない。二酸化炭素は、ゴミの一つだが、未処理放射性物質もゴミであり、熱そのものもゴミである。それ以上活用できないまま残存するものは、物質循環の定義上「ゴミ」である。そのためゴミの定義は、技術の進展に応じて変化する。ここに一切の問題を技術の進歩によって解消できるとする「技術至上主義」と技術そのものがさらに新たなゴミを生み出すという「先験的技術限界論」の対立が生じる。こうした対立は、将来の技術見込みを含んで争点がつくられる以上、双方にとって有利なデータを上げることができ、どちらかに圧倒的に有利なデータも理論的理由も存在しない以上、争いは終わりそうにない。技術の進歩可能性を競うのだから、争点にならないことを競っているのである。ゴミそのものの総量を減らすことは、現在の技術水準でも多くの選択肢がある。このゴミを少なくすることが、循環型社会である。循環型社会の設計で最も困難を極めるのが、極端な人口増加への対応である。循環のサイクルに入らない積み残しの廃棄物が生じてしまい、この廃棄物の総量が増大しつづけるのである。

バッテリーの改良は、副産物を生んでいる。夜中の電気料金を下げ、日中の生産用の電気使用では料金を上げて電力価格を時間制で変動させると、夜中の安い電力を蓄えそれを昼間使う

スマートグリッド情報館（外観）

スマートグリッド情報館（内観）

ことができるようになる。こうした価格差をもちいた電気使用を行うためには、毎日充電の効くバッテリーが必要となる。現在のバッテリーは、数十回使用すれば寿命となる。それをさらに延ばし、家庭での電気使用を賄えるほどにしておくのである。こうした技術はまだまだ開発余地がある。

スマートシティの中心部には、公営の「スマートグリッド情報館」が建てられている。現在の計画は、ほとんどはここで知ることができる。一時間弱の体験館ツアーを設定してもらっていたので、説明を聞きながら進むことができた。電気のシステムのうち、発電、送電、配電は基本設計に組み込まれている。この部署は、韓国電力ＫＥＰＣＯが設計している。また太陽光、風力、新再生エネルギーのようなエネルギー産出システムについては、ＰＯＳＣＯコンソーシアムが担当している。この部分は、バッテリーの性能が機能の域値を決めている。

物の輸送には、やはり移動手段が必要である。どのように社会が情報化しようと、物そのものを情報化することはできない。情報は流通コストを極端に落とすことができるが、物流そのものを代行することはできない。野菜も穀物も情報ではない。移動や輸送のためには、それなりの大きなシステムが必要となる。ヒュンダイも参加して、電気自動車を開発していたが、まだまだ開発余地がある。現地にこうした二十年後までの設計モデルを置き、官民一体となって推進している点では、企画推進システムは機能している。現実の社会に少しずつ応用し、そこからさらに工夫を積み上げる以外にはないからである。

自然エネルギーの活用には、まだまだ多くの課題がある。自然エネルギーでは大容量電力は難しいので、家庭仕様電力と工場仕様電力を、同じシステムで賄うことは難しい。おそらくネットワークを代えさらに切り替えを含んだ接続を作る仕組みになると思われる。現在は原発も含めて電力全盛だが、電力以外の自然エネルギーの活用も必要となる。スマートシティのような企画は、あらかじめ設計を行い、それに合わせて作って行くような仕組みにはならない。現実に適用してみると、新たな課題が次々と出てしまう。新たな課題を見出しながら、ネットワークそのものを拡張していくのが、こうしたプログラムである。このプログラムは直面する問題を一つ一つ解決していくようなものとはならない。問題の解決へと向かう途上で、新たな課題と選択肢が生まれ、そこからさらに新たなネットワークの展開が必要となる。

2－2

ウエスト・コースティング

West Coasting

アメリカ・西海岸　二〇一三年八月

サンフランシスコは、入り江を作る半島の海洋側の都市であり、半島の対岸はオークランドである。海岸沿いの湾を成した都市と同じく、都市の地面はほとんど斜面である。二重の弧のような入り江は、特段に入り組んでいるのではないが、湾の内に離れ小島のような孤島がある。これは「監獄島」と呼ばれている。かつて実際に囚人を収容したようで、事実アル・カポネは、この島に収容され、囚人となっていた。しかし夜になれば船で島を離れ、対岸の盛り場に繰り出していたようである。法治国家であるから、法の裁きにはしたがわなければならない。しかしその範囲内で、比較的おおらかな生活は許されていたようである。

入り江状の土地は、大半は斜面で、斜面沿いにまるで大きな階段のように家屋が造られている。ガリバーが小人の国にやってくれば、こうした家屋やマンションを階段の踏み板のように、踏みつぶしながら上っていくに違いない。車中から見える斜面に階段状に並ぶ家屋は、どこか作り物めいていて、寓話のなかの挿絵に描かれているような印象を受ける。日本にも類似した都市はあり、長崎市や神戸市がそうである。海からただちに坂道が始まる。平地と言えるほどのものがほとんどなく、観光スポットの一つが坂道の頂点である丘の頂上から、街と海と海岸線を見下ろす高台である。斜面が多いために、居住者も旅行者も、超肥満体の人は少ない。歌劇「蝶々夫人」の名場面の一つが、長崎市の「オランダ坂」である。

サンフランシスコの人口は八十万人超で、海洋物流のアメリカの拠点の一つである。中国系移民とゲイとホームレスのやけに多い街である。日本人はあまり見かけない。チャイニーズとヒスパニシュ系メキシコ人が多い。同行した東洋大学エコ・フィロソフィーの研究助手は、夕刊を路上で売るお兄さんに「あなたはボーイフレンドはいるか」と尋ねられていた。露骨な尋ね方であり、親愛の情の示し方かもしれない。また彼はそちら系の人間だと、ただちに直感されたのかもしれない。少なくとも素質のある人間だと理解されている。

サンフランシスコ沖を流れる寒流のせいで、夏でも気温は上がらない。夏場には、海の水が冷たく、大気が温かいために霧や靄がほぼ毎日発生する。いわゆる「霧のサンフランシスコ」である。港町に特有の叙情はある。それはいつでも流れているという感触に近い。

サンフランシスコ、オークランド、ロサンゼルス、アナハイム等々を含むカリフォルニア州の気候は、亜熱帯性である。四月から十一月はほとんど雨が降らない。雨期と乾期がはっきりと分かれている。そして海岸沿いから少し内陸部に入れば、砂漠に近い。訪問した八月末は、乾季でありまったく雨が降らない。カリフォルニア州じたいは、アメリカの食糧供給地区である。トウモロコシ、ブドウ、アーモンドナッツ、クルミ等々が断続的に栽培されている。しかし農地として活用されていない土地面積は広大である。もっとも荒れ果てた森林になっているのではない。草地が延々と続くが、この時期は雨がないために、一面枯れた牧草地のようになっている。ちょうど枯れた芝生と同じである。

州の面積は、日本全土の一・一倍であり、この州の二酸化炭素放出量は、日本全体の二酸化炭素放出量より、少し多い程度である。二酸化炭素放出の面積比で取れば、カルフォリニア州は、ほぼ日本と同じ優秀な数字をたたき出している。ところが人口比で見れば、カリフォルニア州の人口は、三千五百万人程度であり、日本の三倍程度の二酸化炭素放出量があることになる。このあたり二酸化炭素の排出総量だけではなく、面積比とか人口比とかの多くの指標の取り方を並行して導入しなければ、生活感情、生活感覚から見た環境意識と齟齬が生じやすくなる。

サンフランシスコ・コースト

海岸沿いに延々と続く枯草地の高台には、多くの風力発電機が設置されている。環境への意識は、全米のなかでもかなり高い地区だと思われる。だがこの広大な国土をかかえ、耕作にも居住にも活用されていない土地が延々と広がっているところを見ると、環境への感度は相当に異なると考えるのが実情に近いのだろう。サンフランシスコ市街地では、路面電車が走っているが、その電車の多くは、ハイブリッド電車であり、都市部での排気ガス対策は公共交通においてもすでに実行されている。都市部での集中的な大気汚染は、固有の課題である。ところがひとたび郊外に出れば、そうした課題そのものが存在しないどころか、汚染物資の排出抑制という課題がどうにもピンと来ないのである。カリフォルニア州で感じられることは、都市部の環境対策意識と郊外での環境意識は、大きな落差があり、生活レベルにおいてもほとんど接点がないほど隔たっていることである。これは広大な国土を抱える国には一般に言えることで、北京でＰＭ2.5の汚染で都市住民が苦しむことがあっても、それは都市対策という固有の課題であり、環境対策とは異なる。

二日目に訪問したヨセミテ国立公園では訪問時、山火事が発生しており、連日ホテルのテレビニュースで流れていた。火事の現場近くの道路は封鎖されていた。しかし早急に全力で火事を消しとめるという様子はない。人為的に引き起こされた山火事であれば、早期に消火活動を行う。また居住区に山火事の害が及ぶようであれば、その場合にも早急に居住区付近だけは消火活動を行う。ところが自然発火による山火事であれば、自然鎮火を待つようなところがある。余分に手を入れない、という方針である。

余分なことをしないという方針と、我慢できるところはできるだけ我慢する、ということはまったく別のことである。余分なことをしない場合には、人間は基本的にあっけらかんとしている。余分なことをせず、面白いと思うものをやっていればよい。それは選択肢を増やすことでもあり、つねに別様に行為できる選択を探すことでもある。ところが抑制は、やれることを自発的に停止し、不作為を抱えたまま、別のところに救いを求めるようなところがある。この救いの対象の一つが、人間を無限抱擁する自然である。この両者では、環境への感度と自然保護への取り組みに大きな違いが生じる。

カリフォルニアの内陸部は、乾燥しており、気温も四十度近くになる。気温だけでは、自然発火は起こるはずもない。ここに乾いた空気の風速がかかわる。時速二十キロ程度の空気の移動があれば、熱風を通り越して、巨大な摩擦熱を生む。その条件下で、枯葉がぶつかり合えば自然発火が起きる。こうして何度も自然発火による山火事が起きてきたのである。山火事が起きることで、高熱にさらされて、硬い外皮が除去され、はじめて発芽する植物の種子もあるそうである。ということは現状の植生は、一定頻度で山火事が起きることで成立している以上、山火事の発生を見込んだ自然環境の自己維持のサイクルが考えられていることになる。

ヨセミテ公園のロッジ近くの広場には、たくさんのリスがいた。人間を恐れる様子もなく、あの大き目の尻尾を振りながら、人間に近づいてくる。エサを求めているのである。そしてその仕草に、人間はどうしてもエサをやりたくなってしまう。しかしエサをあたえると一挙に個体数が増えてしまう。そこで野生動物にエサをあたえると二百ドル（二万円）の罰金が科せられる。ここでもできるだけ余分なことをしない、という原則がある。

ヨセミテへの乗り合いバスでは、運転手がガイドを兼ねている。高速道路を時速百キロ前後の速度で走りながら、延々と話し続けている。三時間程度は、運転手の際限のないトークである。しかもいろいろと多くのことを知っている。よくもまあこれだけのことを覚えられるものだと思えるほど詳細な歴史的知識も備えている。高速道路を走りながら延々と話すのである。日本で起業して失敗し、アメリカで仕事を探して日本人観光客用の案内をしているようである。その話がどの程度事実かどうかはわからないが、観光案内という現在の仕事は、この運転手の適正に合っているように思える。朝八時からいくつものホテルの日本人客を順次乗せていき、現地まで運び、午後八時前に客を元のホテルまで届ける。仕事としては長時間であり、きつい仕事に思える。それだけのエネルギーが出るのかと思う。あるいはアメリカは、力が出やすいのだろうと思える。ヨーロッパ北部に多く見られるメランコリー気質とは無縁のようである。余分な制約がない、という印象である。この精神的気質はおそらくとても重要なもので、ともかくも次の選択を見出して、力を発揮していくというものである。

それにしてもヨセミテの断崖絶壁は、見事なものである。四億年ほど前に隆起した山脈が、氷河期の氷河の移動によって柔らかい部分が削り取られて、絶壁になったようである。氷河の特性は、重さと硬さである。これが年間に数センチ移動しただけでも、数十万年経てば巨大な絶壁ができる。アメリカ西海岸沿いの山脈は、基本的に太平洋プレートが東へ移動して、海底そのものを押し上げ、アメリカ大陸とぶつかってそこにいくつもの山脈が出来あがっている。そのためこれらの山脈の中腹からは、海洋性の生物の化石が見つかる。最も有名なのは、バージェスの頁岩である。ここではカンブリア紀の海洋性生物の大量化石が見つかっている。

巨大な絶壁群といえども、誰かが入り込んで発見しなければならない。ヨセミテ公園は、渓谷の川沿いを進んださらにその先にある。それなりの理由がなければ、人が入り込むようなところではない。渓谷の谷間には水が流れているので、この水の流れを追いかけていくことはできる。しかし農耕のできるような広大な平地はない。ここに人間が集まるには、それなりの理由があった。それがゴールドラッシュである。

ヨセミテ岩壁

ほそぼそと農場経営を行っていた農場主の使用人が、川で砂金を発見したのは、一八四八年である。それと前後して、アメリカ合衆国はメキシコに戦争をしかけ、メキシコシティ近くまで攻め込み、後に和議によって西部領域がアメリカの領土に編入されていた。カリフォルニアがアメリカの三十一番目の州に昇格するのは、それから四年後であり、数年の間に一挙に人口が増大したのである。この地域での金は、ほとんど地層表面にあり、手作業で取り出すことができる。そして大量の一攫千金を夢見る人たちが入り込めば、容易に採掘できるところは、瞬く間に採掘完了となる。事実アメリカ東海岸からも、ヨーロッパからも中国からも大量の人がカリフォルニアに流入した。金鉱脈の発見は、またたくまに世界的ニュースになる。容易に採掘できる場所が終われば、採算の難しい深堀をしなければならなくなる。それでも大量の金の埋蔵があったらしく、当初五年間に掘り出された金の価値は、現在換算で七千億円程度もあったらしい。

何かのきっかけで人の移動が極端になることがある。金や石油や天然ガスが見つかるときである。ただし多くの場合には、対応する技術がなければ資源にはならない。石油も精製技術が進まなければ、粘度の高いただの泥水である。シェールガスも現段階では、多くの場所で深堀技術が伴っていない。金は、不純物を取り除いて、純度をあげるだけで良い。しかも地層表面にある金は、先行投資がほとんど必要ない。こうして人が集まると、地域形成の局面が変わり、一挙に別の動きとなる。こうしてサンフランシスコが、急速に港湾都市になっていく。

金鉱脈でいえば、日本も早くから砂金の取れた地域である。大国主命が、旅の途中に斐伊川の上流で、八岐大蛇と戦い、尻尾を切りつけると、鋼にぶつかり、八岐大蛇が刀剣を飲み込んでいたという話になっている。おそらくこの神話記述の時期に、製鉄の技術がすでに進んでいたのである。この斐伊川は、上質の砂鉄が取れた。マルコポーロが「黄金の国ジパング」と呼んだのは、比喩や誇張ではなく、かなり早い段階から日本では金が採れた。四万十層の硬い層と硬い層の間には、高純度の金を含む柔らかな層がある。これは四国から南九州にまで続いており、この金鉱脈を掘り続けて財閥になったのが、住友である。四万十層が土地の隆起によって横倒しになり、柔らかな部分が波に削られて規則的な凸凹の地形となったのが宮崎の青島先端の「鬼の洗濯岩」である。日本が金脈の列島であったことは間違いなく、佐渡島の金鉱が閉鎖されたのは、一九九〇年代である。

カリフォルニアのゴールドラッシュで大量の人が入り、その後川の流れのさらに奥地に、現在のヨセミテ公園の絶壁が発見された。国立公園指定を行っておかなければ、木を切り倒し、際限なく勝手に作り替えてしまう。それが人間である。そのため制限をかける。それがすなわち自然保護である。ここでも余分なことはしない、という鉄則がある。野球のメジャーリーグでは、かつて人工芝であった球場を、当初の芝と土の球場に戻したところが多い。これは怪我や故障を減らすためであるが、ゲーム中の緊急の場面でも、リスが球場内の芝生を走り回ることがしばしばある。

絶壁があれば、一部の人間はそこに登りたくなる。山があればそこに登り、沖に島が見えればともかくも行ってみる。絶壁があれば、よじ登る。ホモ・サピエンスに広く見られる本能的なこの性癖によって、ヨセミテの絶壁では、今年に入ってすでに二名の死者が出たそうである。未知のものへの冒険心と言えば恰好がつきすぎてしまうが、要するに何かを理由なくやってしまう。この性癖は、アフリカから出てきたホモ・サピエンスが世界中に散らばった理由としてよく挙げられるものである。ネアンデルタール人がヨーロッパのごく一部に留まっていることに比べ、ホモ・サピエンスはともかくも冒険好きである。訪問当日も、三名の虫のようにしか見えない人間が、絶壁の三合目あたりを登りつつあった。黒い虫が白いシーツを少しずつ登っていくというまるで劇画のような風景なのである。ヨーロッパの風景は絵画的である。これに対してアメリカの風景はどこか劇画タッチであり、映画の一シーンのようである。

絶壁のような岩を見れば、その岩は地面から生え出ている、というのが土着的な発想である。岩は、どこか身の丈を超えたところがあり、巨大な岩になれば土着信仰の対象となり、ほどほどの岩であれば身の丈を超えていく遊び場になる。日本の神社は、巨大な岩の下に雨宿りするように作られているものがたくさんある。アリストテレスの四元素で考えれば、岩は土と火の混合物に相当するであろう。これは一般にはありえない混合物である。つまり稀な存在なのである。

今回の最大の眼目は、ナパヴァレーを抜けて峠を超えたところで運営されている地熱発電所である。周囲を山に囲まれた盆地であるナパでは、大量のブドウが栽培されており、ワイン製造所がある。渓谷を流れ出てくる硬水と比較的肥沃な土壌を活用して、広大な面積にブドウ棚が作られている。日本のように背丈の上までぶどう棚を張ることはしない。胸の高さぐらいまでで、ブドウの幹を止めてしまうのである。そして手作業でブドウを摘み取っていく。この農作業は、主としてメキシコ人が行っているようである。ブドウじたいは、乾燥地でも育ち、コメのように多くの水が要るわけではない。だがワインの醸造に水が必要となる。発酵させるさいの水質が決め手となる。ナパのワインは、この地の金属質によって作られた上質なものである。ワイナリー地区は、一大観光地となっており、多くの人たちが観光用列車もしくは車でやってくる。アメリカ到着後、ここで食べたサンドイッチとサラダが、唯一食べられるレベルの食事だった。

このナパの盆地を北に抜けると、湿地帯にでる。アメリカ最大の地熱発電所であるＣＡＬＰＩＮＥである。一般名称は、アイスランドの間欠泉の名称をそのまま用いてGeysersと呼ばれている。この言葉は、家庭用自動湯沸かし器にも転用されている。だがこの地には文字どおりの間欠泉はない。

この地熱発電は民間の事業者の行っているものであり、税の優遇は受けているが、補助金は

CALPINE　アナウンス用冊子表紙

ないようである。サンフランシスコから北に百キロほど北上した位置にある。電力事業の開始が一九六〇年九月であるから、すでに五十年以上事業を続けている。採算が良くなくても、事業者が放棄しないかぎり、維持させる。これはエネルギー供給の多様性を獲得するための基本戦略である。

日本の場合、採算が良くないということになれば、ただちに小規模発電事業からは撤退してきた前史がある。小さな河川で小規模発電を行っても、実際上は大手電力会社から買ったほうが安いという場合には、数年で操業を停止してきたのである。これでは電力供給は多様化しない。しかし東日本大震災を機に少し風向きが変わってきた。たとえば都心でも病院施設のようなところは、自前の自家発電施設を備えており、緊急時にはそれを作動させている。手術中に停電になれば、たんなるバックアップの不足になる。そうだとすると緊急時の自家発電だけではなく、そもそもそれなりの大きさの事業所は、自前の発電施設を備えていた方が良いことになる。日本各地にある小規模水力発電所は、電力消費ピーク時だけ起動していたが、恒常的に再稼働を行うところが増えている。しかしそれでは二軍暮らしで、ほどほどにやっていた選手が、突然一軍に呼び戻され、明日からクリーンアップを打てと言われるようなものらしい。

地熱発電に関しては、日本なりの特殊な事情も絡む。一九九七年に施行された「新エネルギー法」では、国が推進する新エネルギー開発の対象から、地熱発電は除外されてしまっている。つまりさまざまな優遇措置が受けられないのである。それ以降、地熱発電での研究者は激減し、残ったものもインドネシア、マレーシアのような外国に仕事場を求めることになった。

発電所内観模式図

この地熱発電施設は、総面積約六十キロ平米に及ぶ広大なもので、地熱によって吹き出ていた蒸気を深く掘った井戸から大量に取り出して活用している。マグマが地表近くまでせりだしており、かつ十分に水があれば起きることである。現在そこに三百三十個の生産井を掘り、七十五本の注入可能な還元水用の井戸を設定し、十五基の発電施設が作られている。全米の地熱発電の四〇%を占め、カリフォルニア州の水力発電以外の二一%を賄っている。そしてそこで提供できる電力は、七十二万五千家庭相当である。ほぼサンフランシスコ全体の家庭電力を賄うことができる。

この数字は、実は驚くべきほどのものではない。東京電力管内にも、地熱発電所が一箇所ある。それが八丈島の地熱発電である。この発電機の出力は、三千三百キロワットであり、蒸気を生み出す生産井は二本だけで、地上設備は、小さなタービン室と冷却塔が各一体、井戸と地上設備をつなぐ蒸気管があるだけである。これだけの小規模の施設で、島民八千人余のベースとなる電力を賄うことができる。たんなる生活ベースの電力であれば、地熱発電でも十分に賄うことができる。工業用や動力（新幹線、電車）用電力には、大型発電施設が必要になるとしても、生活ベースで考えれば地熱発電は、十分に機能している。

このカリフォルニアの間欠泉の地が発見されたのは、化石記録から見て、一万二千年ほど前であり、原住民が薬効と暖を認めて活用していたようである。はっきりと記録に出てくるのは、一八四七年にウイリアム・ベルと彼の息子が山で熊を追い、この間欠泉にたどり着いている。轟音と湯けむりがすさまじいために、「この世の地獄」のようだと感じていたらしい。当初は観光地となり一八五〇年代の半ばまでには、間欠泉ホテルができたようである。その後一九二〇年にジョン・D・グラントが土地を買い入れ、ホテルや温泉ホテルを開設している。世界で最初に地熱発電が実行されたのは、イタリア、トスカナ地方であり、一九〇四年のことである。実際に地熱発電が軌道に乗るまでには、多くの試行錯誤があったと考えられる。すでに火山性の熱風が出ているのであるから、ドライスチームを利用するドライクリーニング状態である。それを管に通すことでシリンダーを回転させればよい。恒常的に熱風を取り出すためには、深く掘削した井戸を多く掘らなければならない。場合によっては三キロほどの深い井戸を掘ることになる。

ここでの地熱発電の仕組みは、おそらく最も一般的な「蒸気フラッシュ発電」である。地中の熱貯蓄層に管を打ち込み、水蒸気を取り出していく。マグマの近くに在る水が栓を塞がれるように圧縮されている場所がある。そこを探し当てて、井戸を掘り蒸気を吸い上げていくのである。そのとき熱水も一緒に地表面まで上昇してしまうが、汽水分離機で水蒸気と熱水に分離して、水蒸気だけをタービンに送り込む。水は元の井戸の底に戻してしまう。この熱水を戻す井戸が還元井である。すると数年間水蒸気を吸い上げてしまえば、水蒸気の出が悪くなる。そこで隣接する地区にいくつかの井戸を掘り、隣接する井戸で同じオペレーションを行う。還元井で戻した水も地中で温められて、再度使えるようになる。

地熱発電に適した地形は、斜面である。建設時には、調査用、生産用、還元用、バックアップ用などのように、多数の井戸を一時に掘らなければならない。その分だけ初期費用はかかるが、燃料費もメインテナンス費用も施設の耐用年数も、他のグリーン・エネルギーに比べて優良である。しかもひとたび作動を開始してしまえば、人手はほとんどかからず、人件費は極端に安い。

地熱発電は、火山列島である日本の場合、実はどこでも可能である。広大な面積も必要とされていない。少し深く掘れば、天然の温泉がでるのだから、そこから蒸気を取り出すことができればよい。軽い熱風は、おのずと上昇する。この上昇運動を回転運動に変える仕組みがあれば、実はそこでも発電を行うことができる。日本の火山の場合、熱源はあるが十分な水がない場合が多い。そこで井戸を掘り、二重の管を用いて、外側の管に地表から水を送り込み、地中で蒸発させて内側の管から水蒸気を取り出すような「高温岩体発電」も考案されている。草津や湯の峰のような温泉観光地ではしばしば観光地の景観を破壊するという反対がでる。しかしそれは、プラントの景観さえ工夫すれば実行できることである。

地熱発電は微弱だが恒常的に稼働できる。そのため六本木ヒルズとか御殿山ヒルズのようなビル群には、自前の発電所としてそこに固有の発電施設をもつことは、設計上無理がないかぎりやっておいた方がよいと思われる。熱源が高温ではなく、八十度程度の温度でも、地熱発電は可能である。水よりも沸点の低いアンモニアやセシウムを用いて、それらを温水に触れさせて蒸気にして、タービンを回すのである。この場合には、温水は熱を伝えてアンモニアやセシウムを温めるだけであり、還元井をつうじて元に戻され、他方アンモニアやセシウムはタービン管を循環するだけになる。

エネルギーや環境では、各課題のタイムスパンは、最低一世紀（百年）程度だろうと思える。原発の廃棄物処理だけは、異様にタイムスパンが長い。経済的採算のタイムスパンは、単年度である。あるいは黒字までの猶予期間である五年程度である。地熱発電では、施設設計のタイムスパンは最低五十年程度である。というのもその間の技術の変化をつうじて施設の再設計が必要となるからである。こうしたタイムスパンの異なるシステムをどう折り合わせるかが、デザインの課題となる。隔たりのあるシステムは、二重効果、三重効果のあるような機能をもたせることで無理なく接続できるような設計が求められる。いわゆる二重、三重の付加価値を持たせることである。地熱発電が有望であることはわかっている。そしてこの有望さの理由も必要なほどのものは揃っている。だが広範に実行されることはない。わかっていても実行されない資源、それが地熱である。この部分に付加価値の考案が必要とされる。そしてそれがシステム・デザインの課題となる。

もっとも二〇一三年十一月になって局面の変化の兆しも出てきた。地熱をエネルギー源として活用しない理由はないからである。日本の地熱エネルギーの埋蔵量は、アメリカ、インドネシアに次ぐ世界第三位である。天候の影響を受けず、エネルギー効率も良い。地熱エネルギー埋蔵量は、原発二十三基分に相当するという試算もある。設定のための条件さえ緩和されれば、いつでも発電施設の設置が可能な状態にある。東芝とオリックスが共同開発し、岐阜の高山に二〇一五年に稼働させて売電する施設を設定するようである。ともかくエネルギー源の多様化に向けて進んでみることが必要な局面である。

2－3
イーストコースト・エクスプレス

East Coast Express

アメリカ・東海岸　二〇一四年八月

ニューヨークには巨大な再生力がある。再生に向けた無数の企てがある。果敢な企てを実行し、さらに自分で調整する。これは内部から調整力を生み出す仕組みでもある。たとえば多くの死と隣り合ったままでは、再生には余分な抑止がかかる。だが多くの死を忘れることもできない。ここに記憶の工夫が必要となる。リセットと忘却は、実は同じことの両面である。だがこれらは簡単には両立はしない。ただたんに忘れることとは異なる忘却が必要となる。事実市の中心部で、あれほど多くの死者を出したはずである。それは気の重くなるような事実であり、深刻な思いに浸されるほどの出来事であったはずである。にもかかわらずそれでもなお次の選択肢を見出していくのである。

内面化されてしまった物事は、もはや思い起こす必要もない。誰にとっても自分の歩行を思い起こすことはできず、日本語の発話の開始を思い起こすこともできない。思い起こせるのは、ある時点のある場所での歩行の像であり、日本語を話している像である。像の記憶とは異なる回路で記憶され、作動している多くの記憶がある。これらはラリー・スクワイアによって「非宣言記憶」と命名されたが、そこには多くのモードがある。これらは認知科学の実験には容易には引っかからない。歩行しているとき、どの程度それが記憶に依存しているのかは判別できないからである。そのため逆に非宣言記憶のような補集合の総称になってしまっている。この総称のもとにいったいどの程度の種類の働きがあるのか。行為のさなかにある事象やプロセスのさなかにある事象は、想起するさいに静止画像を思い出すような仕組みにはならない。それはいったいどのように作動しているのか。これらはいまだ人間が踏み込めないでいる課題の一つである。ニューヨークには記憶にかかわる多くの工夫と事例がある。

たとえば死を悼む。それはほとんどの場合、死をひきずることでもある。誰の死も、他によって置き換えが効かない。置き換えが効かないということだけが、最後に残されたかけがえのなさでもある。私の親族は、二〇一三年十月と二〇一四年五月に相次いで亡くなった。それらの親族の一人は、抑鬱と統合失調性の行動異常を繰り返し、いまなお立ち直れないでいる。そうした反復のなかでも、その親族は病とは異なる回路を探り当てようとしている。精確には、ただひたすら必死である。だが一歩踏み出すことができないでいる。そして知力の低下と増大する病弱さを「自分であること」の最後の拠り所にしようとさえしている。それはおそらく緩慢な死という人間的な誠実さの別名でもある。死に遭遇するというような場面で、リセットという選択肢をもつことは容易ではない。

死は、実は誰にとっても自分に起きることではない。生の延長上に死があるというのは、観察者の言い分である。そこに倫理を含めた物語が出現する。生の先には死が待ち構えている。これがアリストテレスからハイデガーまで繰り返された「生の目的論」である。安らかな死のための禁欲と、所詮死ぬのだから精一杯の欲望の充足を訴えることが、同じ一つの事柄の両面になる。欲望を極力抑えるという抑制と、どうせ死ぬのだから精一杯欲望のままに生きるという居直は、実は同じ勘違いの上に成り立っている。こうしたヘレニズム思想の両極は、同じ地点にいきつく。安らかな死を願う、というものである。終着点から割り当てられたやすらかさ。何か筋が違うのではないか。

その手前に無数の断念がある。「見るべきほどのものは見つ」（平家物語）、「生きるも死ぬも一度限り、すでに十分に生きたわ」（織田信長・本能寺）、「一期は夢よ、ただ狂え」（閑吟集）。これらはいずれも気持ちはわかるのだが、どこか気負い過ぎている。気負わなければ対面できないのが、死という現実である。終わりという拠点から、生を、自己を、そして人間を意義付けようとしている。そしてこれこそが、人間の可能性の桎梏となる。

二十世紀の後半に、こうした人間の死にまつわる気負いを組み替えようという議論が、いくつも展開された。ドゥルーズ、ガタリは、死に対して「器官なき身体」を提示している。身体はなにかに役立とうとして存在するのではない。役立つものは、やがて役割を負える。機能的なものは、やがて機能の低下を招く。そして身体の停止がやってくる。これは個々のプロセスを終わりから再編する伝統的な議論である。これに対して器官なき身体は、何かに役立とうとはしていない。ただみずからを消尽するだけである。終わりという目的に向かうのでもなく、終わりから割り当てられた現在の位置価を全うしようとするのでもない。だが誰しも消尽した先が死である、と言いたい誘惑に駆られる。それが観察者の気負いなのである。死はどのような意味でも自分にやってくるのではない。ドゥルーズ、ガタリは、アリストテレスの目的論に、別建ての回路を設定しようとした。これによって少なくとも、どのようにリセットを続けるかに、議論の力点を移動させることができる。自己組織化やオートポイエーシスが向かったのが、こうした議論である。

死に抗するもう一つの戦いは、アラカワ+ギンズによって開始された。人間の思想を制約し、ヨーロッパ思想にことごとく色合いをあたえた「死」に対して、「私は死なない」と端的に宣言したのである。死を起点とする一切の議論を別様に転倒するための施政方針綱領が、「死なないために」である。そして二〇一〇年五月にアラカワは死に、二〇一四年一月にマドリン・ギンズが亡くなった。人間の可能性の一歩先を言い当て、可能性の拡張へと向かうためには、彼らには「死」という固有観念を断ち切る必要があった。そこから数々の名（迷）言も生まれた。その一つが、「不可能故に、我信ず」である。この現代の「黙示録」は、深刻さや気負いとは無縁で、どこかコミカルで冗談めいている。アラカワは、自殺は絶対に許容できないと語る。自殺しようとするものは、処刑にあたいするという。これはそれじたい手の込んだ冗談である。アラカワとギンズは、「深刻さとは軽薄なことだ」というゲーテにもニーチェにも見られる感性の贅肉のなさを共有していた。アラカワはいつも、「河本さんの文章は軽い」と言っていた。この場合、人間が死ぬというのは、言ってみれば「気のせい」なのである。こうした軽さと笑いは、一方では免疫力を高めることに寄与し、他方では遊びが創造性につながる回路となる。

三千余名の死者の鎮魂と祈念のためには、力強くしかもソフィストケイトされた施設が望ましい。深刻に過度に意味を帯びさせるのでもなく、壮大な儀式でもなく、簡素でかつ際限なく奥行きのある記念碑が望ましい。それが「グラウンド・ゼロ」である。どこまでも再生に向け、しかも方向を限定しない自在さがある。それは人間の身の丈を超えた大地と水と深さから成る。そして可能な限りの装飾を排する。嘆くのでもなく、忘れるのでもない。主張するのでもなく、黙して語らないのでもない。感情を抑止するのでもなく、大袈裟に叫びだすのでもない。叫ぶこと以外の何かを実行しなければ、その場に居続けることも難しい。

グラウンド・ゼロ

何かを実行するように促す場所があり、その場に居合わせて想起することが、別の回路を見出すことにつながるように場所を設定することができる。こうした想起こそリセットである。ここには想起するさいに別様の現実に踏み出すことにつながるような工夫がある。特定の方向に誘導するのではない。皆に同じ感動をあたえるのでもない。ただ個々人がさらにそこで何か一歩踏み出すように促すのである。それが簡素さのもつ奥行きとなる。どのような言葉も、次の言葉を引き出すためのステップであり、どのような行為も次の行為を生み出すためのステップである。何かが始まるためのステップとして、場所を設定し、それ以上に何も制約しないこと、それこそ「ゼロ」であり、無限の奥行きである。

これは感情の活用の問題ではなく、自分自身への覚悟の決め方の問題でもない。ある場所で選択肢を開く。より多くの選択肢が開けるように場所を設定すると、各人はそこで想起をつうじてみずからであることと、次の一歩へと向けた選択におのずと直面することになる。

ハイライン・パーク（ウエストサイド十番通り）は、かつて二階を走っていた貨物鉄道網を、そのまま公園として作り変えたものである。すでに不要となった異物・廃物を作り変えて公園としたのである。不思議な情感と爽快感がある。歴史的経緯は、マンハッタンのロウアー・ウエストサイドにある多数の会社と倉庫の間を貨物運搬するために一九二九年に高架線路として設定されたものである。やがて物流の形態はトラック輸送が主力となり、一九六〇年には一部が壊され、一九八〇年までには貨物列車輸送は、廃止されている。こうして鉄道線路網だけが、異物となり、多くの場合景観を損なうだけのゴミになりかかっていた。それを二〇〇二年からNPOフレンズ・ハイラインが都市設計に組み込むような活動を行い、二〇〇六年に着工され

ハイライン・パーク

て、長距離の高架公園となった。

二階を歩道として活用するだけで、都市や建築物の景観は一変する。たとえば大学の校舎間の移動は、すべて建物の間の二階の歩道になっていれば、キャンパス風景は変わってしまう。筑波大学と仙台の東北福祉大学で一部実現されているが、景観が二階とそこでの歩行という位置から構成されてくる。地面は一般に静止のための場所である。建物は静止という位置から配置をあたえられている。ところが二階は、もともと移動のための場所である。もちろん移動の途中に休む場所も設定されているが、基本的には移動という動作によって、また移動という動作をつうじて成立するように作られている。この作り変えの構想力は、都市建設に別の選択肢を提示している。静止とは異なる機能性で成立する建築物である。

また二階という高さを移動することには、独特の情感がともなっている。二階という高さは、三階以上や屋上からの景観とは異なる。二階は、鳥瞰的な図柄をあたえる高さではない。全貌を見渡すような見晴らしをあたえるものではないのである。つまり二階は、上でもなく下でもなく、それじたいが一つの宙吊りである。宙吊りの空間は、基礎にも頂点にも回収されることはなく、固有の視野と速度感をもつ。それらは歩行速度とともに過ぎ行くものであり、ゆったりとした時間のなかで歩行速度に応じて、過ぎ行く速度を変える景観である。この速度感に釣り合うように、木、低木、植物を配置している。この公園での自転車、バイク、スケートボードは禁止されている。

過去の経済的インフラを、時に応じ、老朽化に応じて、散歩のための公共の施設に代えていく。別様の働きとして再生していくのである。以前の貨物線路の痕跡を残しながら、それを公園の構造部材の一部として活用する。ここにもリセットの仕組みがあり、それはニューヨークシティの雰囲気ともなっている。ゴミゴミとした、どちらかと言えば美しくはない市である。少なくともオシャレな街並みではない。ただしプロセスとしてのリセットの仕組みを到る所に組み込み、あらゆる場所でそれらを作動させ続けている。

アラカワは、二十世紀後半で見れば、世界で十本の指に入るほどのアーティストである。建築家として見ても、十本の指に入るほどの革命的な建築家である。彼自身が一つの出来事であり、事件である。それでもアメリカでやっていくことはほんとうに大変である。よほど実力と才能がない限り、一発屋で終わってしまう。アラカワとギンズがある州で文化講演会を行ったとき、聴衆の一人が勝手に壇上に上がり、パワポで映像を示して、人間の身体が穴だらけであることを示すようなものを提示したことがある。人間の身体を二万倍程度に拡大すれば、穴だらけに見える。裸眼ではそれが見えないだけである。

透明なコップに入れた水は穴だらけである。そのため水をとおして、水の向こうが見える。ところが水の穴は裸眼では見えはしない。これと同じで、身体も見えなくても穴だらけだというような映像を、他人の講演会の最中に壇上に上がり提示した人物がいたらしい。このときの映像が会場全体に大騒ぎを引き起こし、アラカワ＋ギンズの講演会は、ほとんど中止に近くなったという。こんなことが起こる国である。アメリカの講演会では、毎回エキサイティングで挑発的なことを語り続けなければならない。しかもどこかで根本的なことに触れていなければならない。そのためには毎日の日常生活で、事件のような出来事に遭遇し続けなければならない。アラカワやギンズにとって、それは制作の一コマに組み込まれた小さな刺激であったのかもしれない。

エンパイアステートビル近くのマンションの二十階以上の階で、窓から飛び降り自殺を図った老婆がいる。決意と覚悟のダイビングである。ところが強いビル風のためか、数階下の窓の開いた部屋に、偶然吹き込まれてしまい、一命を取り留めたと言うべきか、死ぬことに失敗したと言うべきか、ともかくもほとんど怪我もなく、数階下の他人の部屋に降りただけという事件が起きたことがあった。アラカワはそのニュースを聞くと、ただちにその老婆に会いに行っている。このときには何を聞いても、老婆はほとんど何も語らず、ただ黙っているだけだったという。

ロサンゼルスのカルロス・カスタネダにも会いに行っている。例のシャーマニズムと哲学を合体させたような教義を展開したチリ出身の宗教家である。一週間ほどカスタネダの住所に訪ねつづけたという。カスタネダは、ぼろぼろと泣くばかりで、ほとんど何も話さなかったという。

アラカワがキリコに手紙を出して会いに行ったとき、キリコは世界中から植物性、動物性の油を集めてさまざまに混合し、「永遠に乾かない油」を作ろうとしていたという。どんな油でも数百年経てば乾く。そうなれば色合いが変わる。それを防ぐためには、乾かない油が必要となる。それをキリコは自分で作ろうとしていたようである。当時アラカワはキリコからまだ学べるものがあると考えていた。ほどなくキリコは亡くなるが、そのとき大型のトラックが数台やってきて、家のなかにあったものをすべて運び出したようである。バチカンからトラックが差し向けられたとのことである。人類の財産として、バチカンが引き受けるのである。これがヨーロッパである。

アラカワが帰国し日本に滞在している間に、私は何度もアラカワに会い、本当に多くのことを話した。ほとんどが半蔵門にあるアークサイドホテルのラウンジで会ったのである。会えば一回平均六、七時間話し続けていたと思う。東京荒川事務所の本間桃世社長に次ぐほど、私は多くの時間アラカワと過ごし議論した。

あるとき通路という仕組みがおかしいという話をしたことがある。歩行にともなう足音が後ろに流れていく、という話をしたと思う。誰であれ、歩けば自分の足音は背後に遠ざかっていく。このことが過去と未来の間に動かしがたい区別を作り出してしまう。過去は背後に流れ去り、未来は前方からやってくる、というのである。そうだとすれば、足音が、前方からやってくるような通路を作ることができるはずである。その通路では足音は前方からやってくる。こんな話をすると、アラカワは、いつものように負けてたまるかという調子で、足音は歩行者の右から左に流れていくというような通路にしようという話を持ち出してくる。歩行は前後という線型性を作り出す。この線型性こそ、世界を狭くしてしまう。行為の結果がつねに因果関係として働き、そこに現実性を作り出してしまう。地球の物理的現実では、多くの場合そうなる

アラカワ（三鷹天命反転住宅にて）

が、必ずしもそれがいつも起きるわけでもない。そこに別様な現実性の選択肢を設定しようとしたのである。

長い付き合いのなかで、一度だけアラカワは、私と口をきかなくなったことがある。私が、「どのように細かく制御しても、制作者にとっても予想外のことが起きる場所がある」、ということを言い始めた頃である。「奈義の龍安寺」（奈義町現代美術館）では、行為に対して、神経系の形成速度が速いために、誰にとっても本人にも分からない事態が起きるという主張をしたときである。アラカワには、このことは認めることはできない事であったようである。アラカワの作品は、徹底的に工夫し細かく計算して出来上がっている。すべては計算のなかで示されたような効果をもつはずである。奈義の龍安寺は、円筒形の巨大な筒の内部に京都の龍安寺が投射されて作られており、斜めに配置されている。この筒の内部には安定した場所はどこにもない。足場のない位置から、龍安寺を見ることになる。こうした奈義の龍安寺のような場所では、神経系に関与する光や重力の効果で、神経系の可動域がどんどんと広がり、そこに半時間、一時間と佇むうちに身体の感覚さえ変わってしまう。子供たちは、そこで邪気なく遊びながら、そうした可動域の拡張を行うことができる。つまり計算し想定された効果を超えて、そうした建築は働き続け、何度もリセットを繰り返す。

自己組織化では、こうした事態は当然のことに思える。しかし何故かアラカワはしばらくはそのことを認めず、会っても眼も合わせず、会話もしなかった。ところが三か月ほど経ってから、ニューヨークのアラカワから電話があり、私の言う通りのことが起きると認めたのである。

何か筋の違うところに引っかかって、アラカワは素直に認めることができない理由があったのである。

アラカワは英語はうまいが、自分で英語の文章は書かなかった。マドリン・ギンズに話しかけ、議論して話がまとまっていく。さらにそれを詩人のマドリン・ギンズがとても凝った文章に仕上げた。つまり一読しても解読できないような文章を書いたのである。訳者がほとほと困り果てるような文章になって、それが公開された。アラカワは、そのことの意義を説明しなかったが、言語を複数個組み合わせるような文章が出来あがっていった。ギンズはフランス語の慣用句にそのまま英語の単語を置き換えて描くような癖があった。

そんな文章を日本語に訳すことは容易ではない。意味を理解して、意訳したのでは、元の文章の異様なほどの雰囲気は消えてしまう。つまり謎解きをして意味を理解することは最初の第一歩である。分かる形までは、ともかくも解読する。それをわかる日本語にしたのでは、元の文章の感触がほとんど伝わらない。そこで再度文章の中の個々の単語が日本語のどこかに痕跡が残るように、日本語に無理をかけるのである。少々不自然であっても、その無理が原文の異様さを感触として伝えるように、日本語を選んで訳文を作り出していく。そうやって翻訳したのが、『建築する身体』である。一冊の本だから、どのようにしても意味不明の箇所が残る。そこでマドリン・ギンズにメールで手紙を書き、易しくリライトしてくれと頼みこんだ。おそらく七十箇所程度は、リライトしてもらって、それをもとに訳文を組み立てたのである。

アラカワとギンズとでは、向かおうとしている企ては、ほとんど同じ方向に向いており、人間の能力の拡張に向かっていることは間違いないところである。ただし基礎的な基盤として何を元にしながら構想を進めていくかはかなり異なっていた。たとえばカオス理論に対しては、二人とも大賛成であった。アラカワは生態心理学には比較的に寛大だった。ところがギンズは、オートポイエーシスを基礎においていた。このことは一九九六年にアラカワとギンズが来日し、そのさいのリセプションでのギンズの講演からもわかる。この時期のギンズは、オートポイエーシスを連発していた。

アラカワは、よく細かな科学の動向について私に聞いた。人工生命は、どうして前に進まないのかということが話題になったことがある。人工生命は、コンピュータのディスプレイ上に示された物体の運動であり、その物の仕草がどこか生命に似ているというものである。ただし空間がディスプレイという人工空間に限定されている。物は運動をつうじてみずからの空間を形成する。空間をどうするかで、建築には膨大な可能性があった。

アラカワの周辺には、生態心理学に傾注している人たちが多くいて、アラカワにも議論を仕向けていたらしい。ギブソンの高弟たちが、生態心理学の陣営から次々と去っていくことをアラカワは不思議な思いで見ていた時期があった。どうしてそうしたことが起きるのかと私に聞いた。生態心理学は、知覚と環境情報との関連を問い、その知覚と運動との関連を問う心理学である。たとえば眼前に迫ってくる物体を知覚するとき、何を知覚するのかを実験的に問うのである。すると物体が自分に到達するまでの時間を知覚しているというのが、実験での解答となる。ギブソンの高弟の一人であるデーヴィット・リーが明らかにした仕事である。ところが迫ってくる物体に対して、それを避けることも、手で受け止めることも、場合によっては顔面で受け止めることもできる。こうしたことができるためには、身体のもつ選択肢に見合うような時間と空間との変換関係が成立していなければならない。そうでなければ避けることさえ難しくなる。

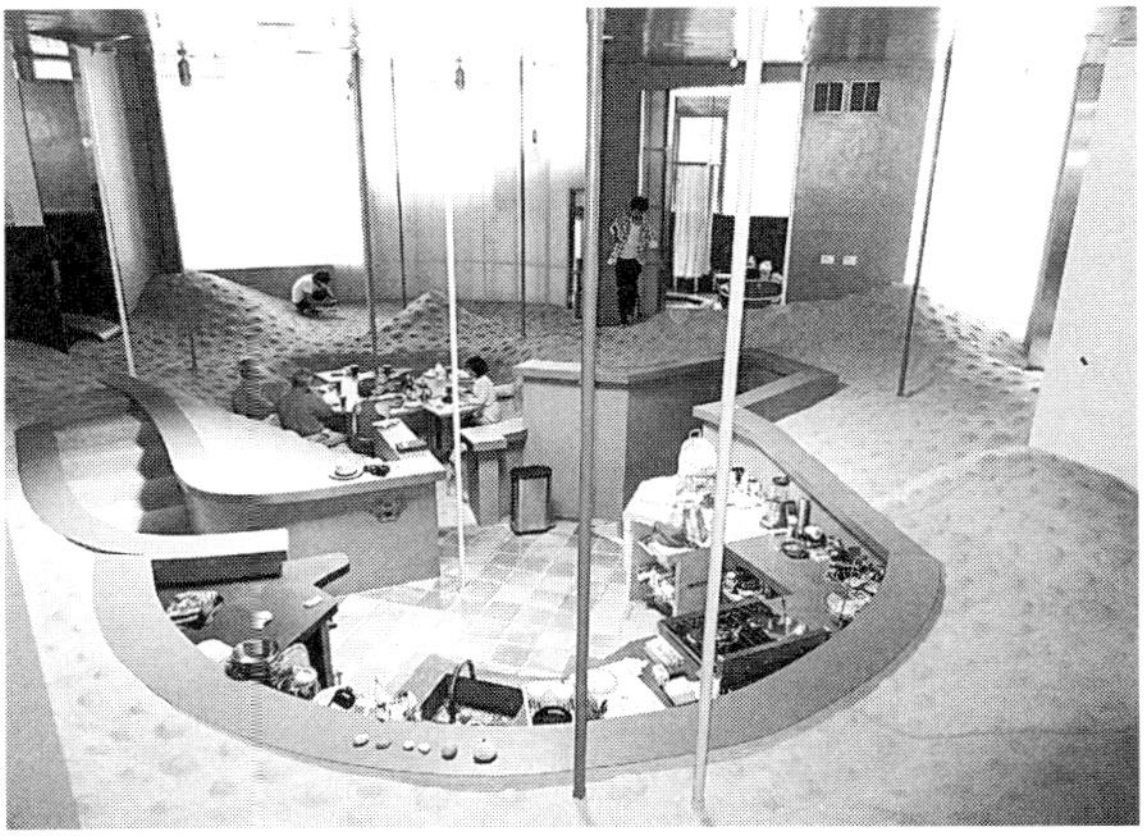

バイオスクリーブ・ハウス

実験的な研究は、指標の取り出しを前提としている。指標の取り出しは、知覚の本性でもある。知覚とそこに生態心理学研究の基本があった。知覚とは、そのなかに直観的な指標の取り出しを含むプロセスである。ところがその指標のなかでの情報に基づいて、行動が行われると生態心理学者は考えていった。それによって指標があらかじめ前提のように扱われることになった。実験科学ではしばしば起こることである。

ニューヨークシティ北部のイーストハンプトンという避暑地に、「バイオスクリーブ・ハウス」がある。片道約三時間の道程である。バイオスクリーブ・ハウスの作りは大きいが、基本的な構想は東京都三鷹の天命反転住宅（三鷹ロフト）と同じであり、実際の建築の手続きは、マドリン・ギンズが陣頭指揮を執った。その時期、アラカワは三鷹ロフトの建築にかかりっきりだった。このバイオスクリーブ・ハウスには、三鷹ロフトで経験できるような細かさがない。建築途上での資金の流入の変更もあった。建築ではしばしば起きることであり、思うようにできなかった建築である。途中で施工主も変わっている。それでも天命反転系の建築である。それ以上に実際に建築を行う業者の問題もあった。避暑地のイーストハンプトンの数名の地元の業者が行ったようである。おそらくその業者にとっては、無理な注文が課されている、と受け取るタイプのものである。つまりやっとやっと注文に応えたという建築物である。

天命反転系の住宅は、そこにいるだけで何かの行為を誘発するように作られている。鉄柱があれば、おのずとそれに登ってみたくなる。同行した現象学者の稲垣諭さんは、すぐに登りはじめ、天井にタッチすると降りてきた。何度か登っている間に、どんどんとうまくなっていき、力を籠めるところと抜くところのはっきりとした区分が動作のなかに出現し始めた。こんなときにも立て続けに実行しようとしないで、次の機会まで間をおくのである。これが記憶による形成力であり、次の機会には身体はおのずとリセットされている。このリセットと再組織化の働きを活性化する仕組みが、天命反転住宅の要であり、それが何によってもたらされているかは、経験科学的にははっきりしない。

歴代の革命的な建築家には、設計図が残るだけの人が多い。実際に作るところまでは行かないのである。資金の出し手が見つからない場合もある。それ以上にそれを作るだけの建築の技術水準に到っていない場合も多い。イーストハンプトンのバイオスクリーブ・ハウスと三鷹ロフトとの最大の違いは、三鷹ロフトには球形の部屋があることである。球形の部屋は、多くの建築技術がなければ、作り出すことさえ難しい。竹中工務店のような世界最高水準の技術をもつ建設会社でなければ、できない部分が多い。養老天命反転地でも奈義の龍安寺でも三鷹ロフトでも、球の活用が天命反転系の建築の最大の特徴であるが、実際には簡単に作れないのである。球の小部屋を作ると壁が一定の厚さになるために、たとえば入り口の切り込みにおのずと傾斜ができる。この傾斜は球面の一部であるのだから湾曲していなければならず、しかも正面から見て直線でなければならない。この球と直線の変換関係を含むのが、球形の部屋である。これが現在自閉症の治療に活用されている。

設計から建築物の実現に到る間に、別のプログラムが作動しなければならない。たとえどのような構想で設計図や見取り図を描こうとも、物理的な建築として作り上げていくためには、そこに職人の集団が関与する。アラカワは、職人は自分のやりたいことしかせず、アラカワ自身が実際にやってみせても、「はい分かりました」と言って、いっさい従わず、それまでと同様に自分のやりたいことしか行わないらしい。

職人は、不思議な人種だとアラカワは面白がった。その職人が、自分たちで面白がり、設計図以上の設計を実現したのが、三鷹ロフトである。設計図が直接実現することはない。そこには翻訳規則のようなものはない。現実の物理的形態は、身体とともに職人たちが作り出すのである。その間をつなぐ人物がいる。現場監督である。現場監督の指示に従って職人が動くこともない。現場監督の仕事は、プロデューサーに似ている。プロデューサーの仕事は、職人たちの動きを作り出し、最大限に能力を発揮させることであり、大枠での制限と各部分作業の自由度を作り出すことである。

教員や治療者の作業にも、プロデューサーの部分がある。相手の経験の動きを作り出し、相手の経験がもっとも動きやすい所に誘導し、そのことをつうじて経験の自由度を獲得したり、経験の境界を変えたり、経験の制御の仕方を本人が修得するように促すのである。シラバスに合わせて、知識を習得させることは、実は教育でもなんでもない。たとえば「瞬間」という事態は、どのように経験すればよいのか。瞬間には幅がある。瞬間は、それを指定したときすでに過ぎ去っている。こんなふうに言葉で押さえて行ったのでは、言葉の意味解釈になってしまう。むしろたとえば戯曲のなかの変化の場面を経験させた方が良い。たとえばあまりその日うまくいかずがっくりとした気持ちで新宿の裏通りを歩いていると、小雨の中をその日満足にエサを得ることのできなかった痩せた犬が前方から歩いてくる。こんなときにあんな犬に会うのかと少し距離を取ると、犬も道路の端に身を寄せようとしている。そのときである。偶然、この犬と眼が合ってしまい、双方ともになにか気まずい思いを抱えて、少し足早に歩きはじめる。こうした変化の出現する場面を瞬間の経験として取り出すことができれば、「瞬間」の経験は動き始める。経験を動かさなければ、意味理解になってしまう。意味の理解ではなく、経験の動きをつうじてそのプロセスを感じ取るのである。

対人関係は基本的に相互理解から成り立つと思われている。ところが理解ではなく、相互の経験がもっとも自在に動くように、互いが他の媒体になるような関係を形成することができる。こうした関係が「カップリング」である。何故だかわからないが、ずっとうまく行為できるようになった、というのがここでの成果の感触である。こうした経験の動きを作り出す部分が、プロデューサーの仕事である。そしてそれは教育にとっても治療にとってももっとも必要とされる部分である。

衣料品店のバイオスクリーブ階段

ニューヨーク市街地の衣料品店の階段に、ギンズが作った建築物がある。実はこれは外見だけ天命反転系の住宅に似せた見世物である。見世物でも悪いわけではないが、「行為とともに変化する部分を含む」という必要条件が欠けている。これでは知識としてだけ記憶されても、体験に通じる回路がない。そこを通過するたびに想起と踏み出しをつうじて経験がリセットされるのでなければ、ただの見世物になってしまう。「そこでの行為がそのつどリセットされる場所」が、「天命反転」の内実であり、必要条件である。もちろんバイオスクリーブ・ハウスに誘導するための市内インセンティヴの提供でもよいのだが、少なくとも階段にはエスカレータに乗るよりもさらに面白く感じられる工夫が必要である。階段は、建築の構造部材の一部であり、建築全体の強さを支えている。そこに工夫を導入する。たとえば階段の三分の一は、凸凹でもよいのである。それにしてもアメリカの職人は不器用だと感じられる。

アラカワの居住兼事務所は、五階建てのビルである。そこには多くの作品が残されている。遺稿も多い。管財人が押さえているために、現在まだ自由に使うことができない。壁に立てかけられている作品では、クレーやキリコが晩年に取り組んだポリフォニー（多重性）のさらに一歩先を行く作品群が構想されているようである。おそらく空間そのものを多重化させる試みである。世界はつねに多重に重なっている。その多重性のなかで、さらには多重性の隙間で、あるいは多重性の交叉で、いったいどのような経験が成り立つのか。こうした課題にいつか取り組みたいと思う。

サイエンス・バージェ（平底船＝人工島）は、多くの教訓をあたえるものとなった。ある意味で、エコと称する企てが、何故貧相になり、多くの者たちを感動させるところまで行かないのかの理由を示す教材でもある。かりに海上での生活が可能になれば、人工の島でのタイム・スパンの異なる生活圏を形成することができる。しかしそれは、もっと大きな構想力で作り出されなければならないものである。

エコを標榜する施設には、共通の特徴がある。自然性に回帰することを訴えながら、不自然なほど作為的なのである。ビルの屋上にイネやムギを植えたり、植物を育てることは、どこか取ってつけたような無理がある。アメリカのような広大な土地が余っているところも、日本のように茨城県全域ほどの耕作放棄地があるところも、土地が不足するからビルで穀物を植えるのではない。屋上の植物栽培は、屋上の面積と光を活用しているだけである。

サイエンス・バージュ外観

エコの基本は、現にある自然条件や文化環境条件を最大限に活用する工夫のことである。エコはギリシャ語のオイコス（家）から由来し、エコ＝ノモス（家の規則）が経済学となり、エコ＝ロゴス（家の論理）が十九世紀の後半にヘッケルによって造語された。経済学も生態学も同じ意味だが、もっとも無駄の少ない経済性に向かうようにするのでなければ、作為性が前に出てしまう。ヘッケル自身は、結構な生物学者で、最も原初的な生命体を、ライプニッツのモナドから名前を取り「モネラ」と呼んだ。モネラからすべての生物の由来を導くような壮大な系統樹を組み立てた。ラマルク・タイプの進化論を構想していたのである。そこから出された有名な定式化が、「個体発生は系統発生を繰り返す」という提言である。このタイプの進化論は、生命の起源や発生の場面では、なお有用な面がある。

人工の島は魅力がある。その島が動くのであれば、「ひょっこりひょうたん島」である。滞在しようと望めば、一生をそこで終わることもでき、場合によっては数か月、数週間滞在することもできる。現在は、巨大クルーザーに乗り、数週間の船旅となる。これが信じられないほどの費用がかかる。現状では、贅沢な試みである。中国富裕層でも簡単に実行できることではない。それをかりにごく低価格で提供できるのであれば、現状の生活の選択肢を増やしていることになる。

人や情報から離れる場所がなくなってしまったのが、現在の情報社会である。すべては情報でつながっている。ある意味で巨大な情報ネットワークで、むしろ選択肢が減ってしまってもいる。山に登っても山間の温泉に行っても、携帯やスマホで連絡を取っている。情報を断ち切らなければ、固有の経験に入っていくことは難しい。壁を作って引きこもれば、ただの「引きこもり」である。これでは何も変わらない。引きこもっても、匿名のツイッターで、次々と現状が発信され報告される。島に移動ししばし海洋上にでてしまう。五キロも沖合に出れば、「進撃の巨人」もさすがに追いかけては来ないだろう。

ところでどうやって島で暮らすのだろう。クルージングであれば、必要なものを陸から運び込み、大量の物資を備えて洋上に出る。これでは島の生活にはならない。自給自足の生活条件を整えるためには相当の工夫が必要である。

陸上生命体の持続可能性を維持するためには、水と光と土（植物のための滋養）は欠くことができない。水は雨から備給するだけでは足りていない。ところが海水は周囲に無数にある。海水からの水蒸気を受け止める自然の装置が「陸」である。海水からの水蒸気が大量の熱を含み、大気上層で真水として液化するさいに、大気圏外に熱を放出する。これが地表の熱を大気圏外に運び、地表付近の温度を一定にする仕組みである。島では真水の確保が第一の課題となる。海水から直接塩分を分離することは容易ではない。すると二十四時間雨水が作られる装置が必要となる。太陽光を使って、恒常的に結露する蒸留水ができるようにするのだろうか。

土は、植物の本体を支える基礎的部材でもあるが、それじたいはスポンジで置き換えても良い。すると問題は土に由来する植物にとっての栄養である。植物にとっての必要な肥料は、窒素、リン、カリウムである。これらを地上から運び込むのではなく、海水と海産物から取り入れなければならない。海洋性の昆布から取り出すことができれば、陸生の植物を栽培できるが、相当に大きな規模の装置が必要である。海洋は濃度を薄める装置であり、そのため自然浄化力の母体となってきた。これに対して、土は濃縮の装置である。植物性の炭水化物があれば、一週間ほどで動物性のタンパク質は作ることができる。

この平底船にもいくつか工夫はあった。水が上から落ちて、植物に注ぎ、植物のために活用された水が下の水槽に落ち、そこでは下に溜められた水で金魚が飼ってあり、その水が循環的に再度上から注ぐ仕組みになっている。しかしこれでは金魚に別建てで餌をやらなければならない。金魚が餌として最も必要とするのは、植物の死骸に由来する炭水化物であり、いくつかのアミノ酸である。また植物にまとわりつく微生物由来の窒素化合物である。金魚の糞を再度植物に循環させるところは、物質循環の基本形が実現されている。

一人の人間が、洋上で暮らすためにはどの程度の面積が必要なのかと思う。それによって最小限の島の範囲（面積）が決まる。平底船を運営管理して説明してくれた人たちも、この船で暮らしてはおらず、どこか近くの陸の上で暮らしているようである。現状では海岸付近の環境整備の一環として、観光・教育付帯物の一つなのであろう。

海水と真水の分離は、生命体の進化にとって何を意味していたのだろう。細胞にとっての浸透圧が大きく異なるために、両方で暮らせる動植物はごくわずかである。すると生態系の最初の境界は、海水と真水の分離であろう。内陸でもカスピ海のように海水ほどの濃度をもつ湖もある。陸上の条件は、強い紫外線と体重の重さと気温の大きな変動と有り余るほどの酸素である。光の量が圧倒的であるために、聴覚に代わり視覚が認知機能では優位を占めるようになった。浮力がないことによる体重の増加は、個々の動作の多様性をもたらしたはずである。気温の変動は、多くの生活パターンを生み出すことになった。冬場はただ眠るだけという贅沢ともいえる生活のパターンも生じた。一般には変化の規模も速度も激しい。多様化の条件が厳しいために、一挙に夥しいほどの激しい増殖と激減を繰り返すような環境条件である。発生で見れば、短期間に資源を一挙に使い尽くすような急速な個体増殖が起き、またたくまにその地域を覆っては、その後ほぼ絶滅するというイメージである。陸上では生ける化石は難しい。かつて愛知万博で、マンモスの冷凍保存された一部が展示されたことがある。シベリアはかつて草原であり、そこに多くのマンモスが生育していた。一万八千年ほど前に、地表付近の温度が十度ほど上昇し、そのためシベリアあたりにも大量の雨が降り、冬場にそれが凍り分厚い氷ができて、真夏でも融けなくなった。永久凍土とはごく最近の出来事である。そこに閉じ込められたマンモスが化石化しないまま冷凍保存されていたというのが実情である。

海水と真水の接点（界面）は、複雑さの大きな環境であるため、通常では進化の宝庫のはずである。複雑な環境ではより多くの適応の回路があり、そこにさまざまな適応の仕方が出現するはずである。ところが海水と真水の落差はあまりにも大きく、ひとたびそこで出現したものでも、生命の維持のためにはおそらくそこから遠ざからなければならないほどである。この落差を埋めて海洋上で活用することは容易ではない。

ボストンは、アメリカで最も古いと言われるほど古い町並みであり、教会と大学を中心に形成された文化都市である。どこかヨーロッパの都市に似ている。街の規模からすればフランクフルトと同規模である。ここにＭＩＴという世界有数の大学がある。ノーベル賞級科学者が多くいる。その水準の科学者が自由に議論できる環境が形成されていれば、一般にアイディアも出やすくなる。建物にも工夫がなされている。

どこで人間はアイディアや霊感を得るのかはよくわからない。直観力の優れているものとそうでないもの、言葉で説明しなくてもわかるものと説明しなければわからないものの区別はすぐにできる。言葉で説明しなければ分からないものは、言葉で説明しても分からない。実際には言葉で理解したことしか分からない。ここには言葉と理解の限界がある。

経験の限界辺りにある事象は、直観で捉えても外れることも多い。精神疾患や脳神経系の疾患については、繰り返しそうした外れ方をする。そのときそれをさっさと宙吊りにしておくほどの経験の軽さ（自在さ）が必要となる。外れたアイディアを間違ったものだと考えないのである。とりあえず今すぐには役立たないアイディアだと、ペンディングにする。やがて思い起こせなくなるものは、もともと接点のなかったアイディアである。それがひと時頭をよぎったのである。アイディアについては、真／偽ではなく、想起を活用する。ペンディングにしたものも、何度も機会に応じて想起されるならば、経験のどこかに接点がある。それがなければいずれ想起されなくなる。

写真は、ＭＩＴ集会場の二階外通路に置かれたオブジェである。このオブジェを前にして、どのような問いをもてばよいのか。「これは何であるか」という問いは、このオブジェを知るという課題である。この問いはこのオブジェに対して、豊かなかかわり方なのだろうか。知るというかかわりは、実は最後の末端の問いである。「これは何の役に立つのか」という問いは、すぐに役立てようとする実用的な問いである。有用に使えなければすぐに放棄するのでは、現在の一時的実用性に制約されすぎている。つまり時間的な辺境主義である。「これとどのように遊べばよいか」という問いは、このオブジェとの遊びを見つけなさいという問いなので、当面当惑しても開かれたままであるような問いである。これらの問いは、伝統的には、真、善、美と呼ばれたものである。ここまでの問いでアリストテレスからカントまでを覆っている。

これ以外にもまだまだ問いは立てうるのである。たとえばこのオブジェの裏は何かと考えてみる。「裏」とは他の物との関係で、相対的な位置価は同じで、その二つだけで比べれば正反対のような関係である。アラカワが頻用した「対」の関係への問いである。あるいはこのオブジェそのものの「愛」は何であるかを考えてみる。オブジェ（物体）と愛は、直接関係がない。

MIT 通路のオブジェ

回転運動の転換オブジェ

またこのオブジェは愛をテーマにして作られたものではない。だからむしろこのオブジェを前にして、このオブジェの「愛」を問うのである。どこか笑えるような問いである。このオブジェの隠喩を取り出しなさいという問いであり、これはイメージの拡張にかかわっている。愛以外にも、この「オブジェの希望」「オブジェの夢」「オブジェの戦い」「オブジェの陶酔」等々が考えられる。こうした問いの立て方は、二十世紀の構造主義が編み出したものであり、レヴィ＝ストロースやラカンでは頻繁に活用されている。

これに対して、このオブジェはそれじたいで何になりうるかという問いを発することもできる。これは自己組織化の問いであり、このオブジェをつねに途上に置く問いである。現にあるオブジェを前にして、このオブジェがより豊かな現実になるプロセスへの問いなのである。つまりこれを足場にして、さらに次のオブジェをイメージしなさいという課題である。さらにこのオブジェを内面化するにはどうするかという問いが成立する。「進撃の巨人」のようにこれを食べればよいのか。内面化とはそもそもどうすることなのか。この問いにまで至れば、オートポイエーシスの段階に突入している。

こうした問いが次々と湧き上がるような施設や設備がこの建物の周辺や内部に配置されていた。世界中から短期でも客員研究員になりたいという多くの希望が来ていて、その人たちを迎え入れてさらにリサーチ・ネットワークを拡張している。

大学の付属の施設として、MITミュージアムがある。過去に活用した道具、器具、産物、製品の一部を放棄するのではなく、歴史的経緯を示すものとして記憶にとどめ、多くの人に提供するのである。これらは大学そのものの履歴でもある。個人に履歴書があるように大学や研究所にも履歴書があってよい。要するにそれだけの実力があるということなのだろう。東京大学には、それに匹敵するようなミュージアムはない。ながらく全国すべての大学の予備費の一割の割り当てを使いながら、そうした大学の履歴の公開に相当する設備が見当たらない。

このミュージアムには、多くの教育効果をもつように作られ、観光用に展示されているものもある。そのなかには回転運動をさまざまなモードの運動に転換するマシーン群があった。前後運動やしなりの運動に転嫁する機械も作られていた。これらは現在ロボットの多くの関節をささえ、移動を支えている。ロボットの場合、関節はモーターで動かすために、前後運動、上下運動のためにはいくつもの運動のモードの変換が必要である。

２－４

生命の異系

Another Life

モンゴル　二〇一五年八月

低い尾根が交互に入り組んだ盆地は一面の薄い草原である。深い緑ではない。地肌とまばらな丈の低い草地が混ざり合っているメッシュ状草原である。湿気はほとんど感じられない。通り過ぎる雲が時折にわか雨を降らせるのだろう。地面は、天空のしずくが下りたようにいくぶんか湿り気を帯びている。その高原のなかに、巨大なタケノコのような岩がいくつもある。密生するタケノコ状の岩もあれば、ポツンと一つだけ地面に生え残ったような岩もある。モンゴルに着いた翌日の朝の風景である。単独の岩は、遠い位置からも視界のなかに見えるので、通行する人たちにとってランドマークであったに違いない。東西南北からも見え、位置の指標となっている。そうした岩には、名前が付く。「亀石」である。高さは三十メートル前後だろうか。その下で休むこともできれば、岩に登ることもでき、岩に登ればそのまま登ったものが行方不明になるような雰囲気である。人隠しのような情感がある。喚起力のある岩である。

地形の形成で見れば、地表面まで盛り上がった火成岩が気の遠くなるような年月をかけて削られ、単独の不連続な岩となって残ったのだろう。火成岩のなかで強く圧縮を受け、高温で濃縮されたものが岩であり、粉々になったものが土や砂である。そうなると岩のなかにも、さまざまな特性が出現する。内部に空洞ができ、岩のなかの隠れ家のようになったものもある。生活のなかで周辺に、身を隠す場所を確保しておくのは、動物の習性である。まったく隠れる場所のない所には、動物は暮らすことができない。雨露をしのぎ、外敵から身を守り、ひ弱な子供たちを隔離するには、隠れるのがよい。文化的な隠れが、隠居である。岩にとっては、この地下蔵で動物が大量死しようが、人間が虐殺されようがまったく頓着がない。

亀石から数キロ移動したところに、格好の隠れ家となるような岩があった。そのなかには八十名以上の人が隠れることができるほどの地下壕がある。そこに宗教弾圧を逃れようとするチベット仏教の信徒が隠れこんだことがある。一九三〇年代後半のことである。この信徒たちは、ソビエトによる共産主義施策には簡単に従わない。世界観レベル、人生論レベルの信念を持つ人たちを、自由に制御できるような政治的言説も制度も存在しない。国家的なマネージメントや経済の集団化（私的所有権の剥奪）程度の政策では、生活にまで入り込んだ世界観を打倒することは無理である。そこから大量虐殺までは、わずか数歩である。そしてこの岩のなかに隠れこんだ信徒たちは、実際、虐殺された。

こうした岩の密集の度合いはさまざまである。三十メートルから五十メートルほど隔てて、いくつもの岩が弧を描くように斜面に密集しているところがある。その麓の比較的平らな場所に、観光客用に作られたテントの家である「ゲル」が設定されている。移動用ではないので床が張られており、宿泊用に大き目に作られていて、六角形のゲルの入り口を除いた各辺に五つのベッドが置かれている。一日目の宿泊は、このゲルである。ほとんど明かりの無い斜面に三十近くのゲルが設営され、中央付近の大きなゲルが、レストランである。真夏であったが、ゲル内のストーブで運営スタッフが薪を焚いていた。夜半には冷えるのだろう。真っ暗な夜道を延々と移動してそこに着いたものだから、指定されたトイレの位置はもうわからなくなっている。夜半寒くて、二度目が覚めた。高度は千五百メートル程度はある。都市の潜熱のようなものはまったくなく、標高に見合うだけの冷気である。夜中に目が覚めたのはトイレのシグナルである。指定された建物まで暗闇を行くことは無理である。ゲルから出て、ゲルの傍の草むらに長々と放屁した。ゲルのなか以外は、実質的にすべてトイレである。ヤギやヒツジや馬の糞が到る所に広がっているのだから、事実上もトイレなのである。

亀石

モンゴルは日本との時差は一時間で、夏季のサマータイムで一時間繰り上がっているため、時計の訂正はない。朝六時半頃に明るくなり、緯度のせいで夏の夜は十時近くまで明るい。翌日はきっと晴れているだろう。朝起きると同行した稲垣諭さん、研究助手の岩崎大君は、すでに岩登りを開始していた。左前脚をつくことのできない犬が、足元にじゃれついている。このゲルの集落に住みついていいるのだろう。岩と草原が続くこの一帯が、テレルジ国立公園である。そのなかには韓国系のゴルフ場があり、また観光用の乗馬の場所があった。内陸のため水が多くあるとは思えない。この国立公園の端っこに小さな川が流れていて、川原はキャンプ地であり、ゴミの集積場である。それでもゴミは少ない。ゲルとはゴミの少ない生活のことである。遊牧や移動のためには、捨てていくものがわずかでなければならない。定住とは自分で集め、自分で作り出したゴミに拘束されることである。ゴミに縛られて生きる。それが都市の実像なのだろう。レストラン・ゲルで出された朝食も昼食も過不足ないほどの美味しさだった。美味しさを押し付けるようなものは何もなく、また欠落があるというのでもない。過不足のないバランスというものがある。

国立公園は、保護施設であり、むやみに動物を捕獲したり、植物を伐採したり、ゴルフ場を開発することはできない。おそらく勝手に場所を占拠して住みつくこともできないのだろう。しかしそうした場所にも、かつての寺院は残っている。それが小高い山の中腹に建てられたチベット仏教の寺院アリヤバルである。山の中腹だからかなり登らなければならない。途中何度も休みながらようやく登った。そこでは子供を含めて大勢の僧侶が念仏を唱えていた。念仏は多くの場合長年の反復口承によってほとんどリズムのようになっている。もう少し念仏の内容

アリヤバル寺院

がわかればと思うが、おそらく内容ではないのであろう。これは日本の葬儀や法要でいつも感じることである。言葉が音楽のようになっているが、岩崎大君のカラオケのような叫びではない。その儀式あるいは修行に退屈そうに飽きてしまっている子供の僧侶見習もいる。

台座には、百八つ玉のつながった数珠があった。同行した中国文学研究者の坂井多穂子さんは、その玉を一つずつ撫ぜて、煩悩がすべて消える、と希望をもっていた。いったいどの程度の間、煩悩が消えるのだろう。人間の身体の不思議なところだが、煩悩が消えるために費やされた時間だけ、その先煩悩が消え続けるのかもしれない。筋肉を作るさいにも、作るために要した時間だけ、その筋肉は維持される。ということは煩悩も際限なく消し続けなければ、またたく間に戻ってくる。だから煩悩なのである。テレルジ国立公園で半日過ごし、ウランバートルへ移動した。この車のなかですでにおそらく坂井多穂子さんの煩悩は戻っている。煩悩とは生きていることの負の別名なのである。

ウランバートルは周囲を小高い山に囲まれた盆地であり、すでに十分に都市化している。急速に都市化したアジアの多くの都市と同じように、道路は車で溢れている。信号が少なく、一方通行での循環型道路交通網が造られていないために、車が流れるというかたちでの道路規制になっていない。そのため道路を横断する人たちは、横断歩道を渡るのではなく、車と車の隙間を横切るのである。日本でも田舎の道路ではしばしばみられる光景だが、それが東京都内以上の渋滞のさなかで起きる。この道路を最短時間で車で通過するためには、運転手には特異な技能と性格が必要なようである。今回のモンゴル内の移動では、旅行会社のＨＩＳが雇用してくれた運転手が付いた。この運転手は、凄みが出るほどのパフォーマンスだった。前を行く車を強引に追い越し、横から入り込もうとする車のドライバーを威嚇して前に入れないのである。精悍な顔つきで、日焼けした手足に短パン、襟を立てたシャツ、そしてサングラスという出で立ちである。この運転手はこのタイプの道路のまさにプロであった。商店街、デパートの通りでは、「スリ要注意」という警告がガイドブックには載っている。確かにバザールでは夥しいほどの中国製品が売られており、たたき売り状態の店舗が延々と続いていた。ナラントール・ザハというバザールは中国からの物流で、物品はあふれるほど流入している。学校にあがるさいの制服は、こうしたバザールで購入しているらしい。もちろんデパートには化粧品、装飾品のような高級な商品も置かれている。

ウランバートルの小高い丘に登ると、一望にこの首都を見渡すことができる。マンション建設の大ラッシュである。一方では古いマンションを壊しながら、新たな設計のマンションを建て替えていた。マンションの周辺には、いまだゲルが残っている。上から見下ろすと、マンション群の隙間のテント村という風情である。移動を基本とするゲルと定住を基本とするマンションは折り合うはずもなく、やがてはマンション群に置き換わっていくように思われる。二十五年ほど前までは社会主義経済体制を取っていたのだから、マンションは所有ではなく、最長七十年間の定住権の購入のようである。ロシアや中国の影響は経済面から見ても到る所に入り込んでいる。文化的にも、政治的にも、地政学的にもモンゴルはロシアと中国のせめぎ合いの場所であり、あるときは双方から「緩衝地帯」だと見なされて独立国家を維持し、ある場合にはどちらかに傾斜しながら、他方の国を「外交カード」として活用して、経済援助を引き出してきたのである。ロシアと中国の国境線は長い。国境警備のためには膨大な軍の人員が必要となる。しかし広大なモンゴルを間におけば、その分の兵員を節約することはできる。

小高い丘から見たウランバートル市の反対側の丘の中腹に、第二次世界大戦時の末期にロシアの捕虜となり、強制労働のさなかで亡くなった日本人兵士の墓地（ダンバダルジャー寺院）がある。この墓地には、日本の多くの国会議員が訪れ、献花している。海部俊樹氏が総理の時期に訪問し、戦後外国総理（大統領）ではじめてモンゴルを訪問した国の代表だと教えられた。国家もしくは国軍の命令でこんなところまでやってきて死亡した人たちの墓は集合墓地となり、一人一人に対応する植物を毎年植えていくという。そうしなければ区切りを付けられない過去があり、時間がある。

遊牧民は移動を本性とする。物を携えた移動を交易という。そのためチンギス・ハンのように移動できる範囲を広げていくことは、大半は侵略でも征服でもない。なにか別のことをやっていた印象が残る。それを近現代史で見れば、帝国の樹立ということになるのだろう。遊牧の生活と都市化はそう折り合いの良いものではない。遊牧は、人口密度や物の密度を一定以上にしない仕組みでもある。ヒツジや牛が、特定の地域の牧草を根こそぎ食べてしまうほどの密度になれば、草地の回復にもコストがかかる。それを分散させる仕組みが遊牧である。他方都市は、密度を際限なく上げていく仕組みであり、密度効果によって新たなつながりが生まれたり、思わぬ副産物が生じたりする場所である。これを両立させることは本来無理である。モンゴルは、織り合せることが難しい二つの運動のモードが同時に進行している。

三日目には、ウランバートル西のフスタイ（ホスタイ）国立公園に出かけた。西に約九十キロ移動したところであり、海抜がいくぶんか高く千八百メートルほどある。途中、「ミニゴビ」と呼ばれるモルツォグ砂丘に立ち寄った。広さは東京ドーム五杯分程度だと思われるが、細かな砂が集まった砂漠状の場所である。地質上、ここに細かな砂がもともと存在していたとは考えにくい。周囲は、すべて草原であり、少なくとも網目状草原である。おそらく強い風が吹き、土が巻き上げられたときに、大き目の土は均質に大気の下の方に大きさに応じて何段階にも層をなしている。細かな土は大気の上空まで舞い上がって砂状になり、風が通り過ぎた後になってゆっくりと落ちてきて、一定の大きさの砂だけが密集する。それによってこうした地形が形成されたと思える。大気の上空で砂を含んだ空気が集まるような地形的な特質があるに違いない。風の集まる場所である。この広さだと実験を試みることもできない。それを地上付近で見ると、たしかにゴビ砂漠のような不思議な砂の地形が出来あがっている。とするとこの砂漠はいまでも徐々に大きくなっていることになる。

そこを通り過ぎて、土の凸凹道をさらに進むと、フスタイ公園のツーリストキャンプ場に到

日本人墓地

フスタイ国立公園手前

着した。キャンプ場には多くのゲルが並んでいる。国立公園に指定しておかなければ、開発、狩猟、資源略奪が横行しそうな場所である。ゲルの一つでこの国立公園の説明用のビデオ（DVD）を観た。多くの植物や野生の哺乳動物が生息しているようだが、人間の通り道からはごくわずかしか見ることができない。最も有名なのが、野生馬のタヒである。首の稜線に黒髪がなびき、細長い顔というよりもいくぶんか丸っこい顔立ちである。世界中には幾種もの野生馬がかつて生存していた。馬は早くから家畜化されてきた動物である。そのなかで野生のまま生きてきた各種の馬は、ほぼ絶滅してきた。そのなかで例外的に生き延びてきたのが、タヒである。一八九〇年代にロシアの探検隊がタヒをこの地で発見した。その情報はヨーロッパの博物学者、動物学者の関心を呼んだ。その後、捕獲され、ヨーロッパのいくつかの動物園に送られて、一時絶滅しかかった。そこから再野生化の企てが進むようになったのである。もともと生息していたこのフスタイの地に戻して繁殖させ野生種として生存させる企てである。現在三百頭ほどに増えており、十頭単位の集団で暮らしているようである。山の頂上付近で草を食べている様子が、望遠鏡を通して見えた。暑さに極端に弱いらしく、夏は頂上付近で暮らし日没後水を飲むために山麓に降りてくるという話をガイドがしていた。

この国立公園を抜け、川沿のゲルにたどり着いた。遊牧の生活をいまでも続けている住民のゲルである。遠くに放し飼いにしてある数百のヒツジやヤギの群れが見える。ヤギとヒツジを一緒に放牧するのは、長い間の知恵である。ヤギはエサに対する感度が高く、ヤギに牧草地を誘導させてヒツジの群れを動かすと、ヒツジの成長が早くなると言われている。またヤギは草を地下部まで食べ、低木の樹木まで食べてしまうのでヤギの比率は一定範囲内におさめなければならない。他方ヤギは比較的寒さに弱く、夜間にはヒツジと一緒に柵のなかに入れておくと、ヒツジを毛布代わりにして寒さをしのぐようである。ヤギの毛皮がカシミアで、ヒツジの毛がウールであり、カシミアの方が高額であるためどうしてもヤギの方が増えがちになるが、そうなれば草原を食い尽くす可能性が出てくる。そこでヤギを二〇—三〇%に維持するような混成体を作るとちょうど良いと言われている。

野生馬タヒ

このゲルの近くでは、数十頭の牛がのんびりと歩き、ゲルの方に帰りつつある。ゲルの近くには馬が一頭つないである。しきりに首を振り動こうとしているが、何をしようとしているのかよくわからない。真っ黒な犬が、二、三匹ゲルの陰でうずくまっている。電池は大型のバッテリーで保存され、衛星用のテレビは映る。日本の大相撲も見ることはできる。学校教育開始時には、都市部の寮に行くということであった。水は近くの小川から四、五日に一度タンクに汲んでくる。その日の午後、トラックに乗って小川まで水汲みに同行した。このゲルのなかでご馳走になったお昼ご飯は、この小川から汲んだ水で作ったものであろう。美味しいことは美味しいのだが、夜半には水あたりの症状がでるに違いない。そして実際そうなった。

場所を変えながら生きていくことは、根城や巣をもたないことである。根城や巣にしつらえられた財産はできるだけ少ない方が良い。物をもてば物に対する執着が生まれるが、執着は少ない方が良い。拠点はあってはならない。本質もあってはならない。実体もあってはならない。暑い夏がやってくるかもしれず、限度を超え、家畜が死滅するほどの寒い冬が来るかもしれない。困難はそのつど乗り越えていくしかない。そしてそうやって生きていくことが、一つの豊かさなのである。

ゲルから遠くに見えていた数百のヒツジやヤギは、小川に水汲みに行っていた間（約三十分）に、ちょうどゲルの反対側の遠方まで移動してしまっていた。移動の速さは驚くほどのものので、草を食べながら少しずつ場所を変える場合とは、異なるモードで移動したようである。この遠方のヒツジやヤギの背後にまわり、追い立ててみた。旅行ガイドさんが、一匹のヤギを掴まえて角を押さえてくれた。そして坂井多穂子さんがそのヤギと一緒に記念撮影した。

ヤギの鳴き声を真似てみると、その声に呼応して、同じように鳴き声を上げるヤギが出てくる。そのヤギの声に呼応して別のヤギやヒツジも鳴いている。何かは伝わっているが何が伝わっているのかはわからない。動作の呼応のなかで、何かが伝わるが、伝わる何かを限定し、特定しようとすると、そこに「意味」が出現する。意味とは、動作全体を動作の意図に縮小し、意図に対応づけた何かである。ここまではかまわない。事象を焦点化し、事象のエッセンスを取り出そうとすることは、思考の経済学にもかなっているからである。

問題はその先である。縮小した意図や動機から動作が引き起こされ、意図によって動作が制御される、という場面である。意図と動作の間には、どのような因果関係も動因-帰結の関係もない。意図は動作のきっかけとなり、動作の進行のさなかでの調整因子になることはあるが、動作に内在するものではない。そうなると意図や動作の帰結や意味は、動作そのものに並行する人間の作り上げたファンタジーであることになる。そしてそのファンタジーが人間であることとの必要条件なのである。意図は、事象のエッセンスではないのだ。動作と意図はカップリングの関係だが、カップリングの本性にしたがって、ただ並行する場合から、カップリングの在り方を全面的に変えてしまう場合まで広範な変動幅がある。

その一つが意図や意図的制御によって、動作に力が入ってしまい、ぎこちなくなる場合である。力みが出てしまう場合である。他方リハビリの現場でときとして起きることであるが、硬縮によってまったく動かなくなった患者の足を外から手を添えて動かそうとしても、まったく動かないことがある。そのときセラピストが「私はあなたに何をしてほしいと希望していますか」と問うと、患者の経験が全面的に再編され、局面が変わってしまうことがある。いつもこうしたことが起きるわけではない。だが時としてこうしたことが起きる。外から添えられたセラピストの手の感じ取りの感触まで変わってしまうことがある。患者は何を活用して自分の経験を律すればよいのかの手掛かりをあらためて手にするのである。意図は、こうした経験の再編の自己組織化の転換点になることがある。

遊牧する動物は、ほとんどの場合集団をなしている。草原のゲルでもたった一つのゲルは存在しない。最低でも近接する位置にもう一つのゲルがある。家族は異なるようだが、単独ということは何か無理が来ているという印象なのである。

動物が集合体をなすということには進化論的な理由もあるに違いない。遊牧する動物は、エサを食い尽くさないように一日にかなりの距離を移動する。このことは捕食動物に対して、位置移動によってターゲットの位置をずらし続けることでもある。そしてかりに捕食動物に襲われたときには、最も逃げ足の遅いものが犠牲になることで、他の集団のメンバーを守るのである。集合体とは、犠牲を最小にすることで、集合体そのものの機能性を維持することである。遺伝的な偶然によって集団の末端に位置するような動物は、一定の頻度で生まれる。アフリカの草原のシマウマは、集団の規模が小さくなり、ライオン程度の走力では簡単には捕まらなくなった。ライオンのオスは容易にはエサを採ることができない。ライオンのオスは顔が大きくて強そうだが、あの体型はエサを掴まえることに適したものではない。顔が大きすぎるのである。

遊牧するヒツジやヤギには、集団をまとめるような司令塔もしくはボスがいるようには見えない。集団は、密集したり、ばらけたりしていて、特定の集団の維持原理があるようにも見えない。それでも緩やかな集合体であり続けている。時としていろいろな偶然が重なって、メンバーがいなくなることもあれば、別の集団のメンバーが紛れ込んで、集団の成員が変わることがある。その最大の要因は、新たなメンバーの誕生である。

集合体を考えるさいに、人間が自明なようにおのずと活用してきた事例が二つある。一つは意識であり、意識はそれが作動するさいには、まるで一つの統合体であるかのように感じられる。もう一つは剛体であり、放置して雨露にさらしても簡単には壊れないのである。剛体は、均衡という事態を前景化した。たとえばカントの『自然科学の形而上学的基礎』の動力学の部門では、内的活動として、引力と斥力が設定され、それらの釣り合いから剛体の維持が説明されている。引力が強すぎれば、剛体は収縮し、斥力が強すぎれば、剛体は膨張してやがてばらばらになる。そのため引力と斥力は釣り合っていなければならない。しかも剛体という物体が感知されるためには、人間の感官になんらかの刺激をあたえなければならない。そのため斥力がもっとも重要だとカントは考えた。ただしたとえば眼に剛体が映るのは、光によるのであって引力と対抗している斥力

ヒツジとヤギの群

によるのではない。また手で触って剛体が触覚的にわかるのは、大半は触覚的認知によるのであって、引力に対抗している斥力によるのではない。カントの設定した斥力を拡張解釈しなければ、カントの議論は成立しない。

もう一つの集合体の典型事例である意識は、分離という経験ができないので、どのような集合なのかも本当のところよく分からない。これは現在の意識研究でも事情は変わっていない。非集合性を経験できない集合性であるために、部分－全体関係での集合体ではなさそうである。部分そのものが緊密に統合されたような集合体で考えることは筋が違うと感じられる。

そのため集合体のモードを考えるさいには、どうも典型事例が不足し続けている。ライプニッツがアルノーに宛てた書簡のなかで、組紐や寄木のようなイメージを描いているが、これらは配置と位置の組み合わせだけからなる集合体である。統合する原理などは一切なく、部分相互の配置の関係だけで、見た目には緊密な統合体ができる。かつてのお寺には、釘を一本も使っていない建物があった。ボグドハーン宮廷博物館も、こうした建築らしい。よほど腕のよい大工が造るもので、彼らは宮大工と呼ばれた。残念ながら私には宮大工の知人が一人もいない。ここでは統合する原理はまったく不要であり、いくつかの偶然の重なりで統合体はできる。実は移動用住居であるゲルにも、釘はまったく使われていない。張力だけで部材を組織化している。似たものを探すとすれば、フラーのテンセグリティである。

統合する原理がまったくなく、集合そのものの範囲を時に応じて変えていくようなゆるやかで自在な集合状態を描こうとすると、意識からは何か異物を描くようなかたちにならざるをえない。そこにドゥルーズが鮮明なイメージをあたえた。それが「ノマド的」(遊牧民的)という集合状態である。群れと統合体は異なる。要素を不可分に統合するという組織体のイメージを放棄する。なによりも共通の根拠を捨てて、統合する中心概念を捨てる。一切の「なくて済むもの」を軽々と捨てることができるのが、ノマド的であることの全般的な傾向である。

ドゥルーズの場合、初期からこうしたイメージは一貫している。灌木の集合体で根の繋がっていない仮想体を、ドゥルーズは「リゾーム」だと呼んだ。統合原理はまったくなく、にもかかわらず集合体でありうるようなモードを指定していたのである。

探してみれば、実際にいろいろなものが見つかる。馬糞に生えるキノコの一種は、乾燥した時にはサンゴのようなかたちをしている。ところがひとたび雨が降ると、個々の細胞がバラバラになって水を泳ぐように動き回る。そして乾燥してくるとまたサンゴのように一つの植物体に戻るらしい。連結水車のような事例は、動きの連動からなる。個々の水車は、ただ自分の運動を続けているだけである。その運動の余波が次の水車の運動につながる。次の水車もただ自分の運動を続けているだけである。しかし連結体として、水車は動き続ける。

こうしたゆるやかな統合体で、なおかつ統合体そのものを組み替えてそれじたいで別様になっていくような仕組みまで入れようとすると、もう少し複雑な組み立てをしなければならない。そこに踏み込んだのが、オートポイエーシスである。そうなればもう一段階高次の組織体にはいっている。

遊牧は、いまだうまく定式化できていない仕組みを備えている。どの程度の面積もしくは密度までが許容可能なのか。密度が高くなりすぎれば、エサが不足する。移動によって次に戻って来たときには、もうエサが生えないようであれば移動の意味はなく、別建てでエサを用意し、柵に閉じ込めてヒツジやヤギを育てることになる。密度は、遊牧民的なサイクルの規定要因である。また降雨量と日照量は、草の成長速度を規定しており、年ごとに大きな変化がでないことが必要条件となる。いずれも現在のモンゴルの生態系の問題にかかわっている。過放牧が決定的なのである。一九九〇年代にモンゴルの社会主義体制が崩壊し、家畜は住民の個人所有になった。そこから猛烈な勢いで家畜が増え始めている。降雨量はやや多目になっているようだが、問題は平均的な降雨量ではなく、局所的な豪雨と局所的な砂漠化である。フスタイ国立公園でも、緑地の維持については相当に資金をつぎ込んで実行されている。降雨量が少なくても育つ菜種を一面に植え、周囲を少雨に耐えられる緑地にしているようである。

人の移動と生活上の習慣が文化を形成する。二十世紀は、「国家の実験」の時代であったために、社会の仕組みは、大幅に変わって行く。清朝は基本的には満州族の国家であるが、満州そのものにも漢人が大量流入し、そうした漢人たちはさらに北上して、内モンゴルで農耕を進めていった。内モンゴルは、現在中国の自治区である。中国には五十五の民族が含まれており、多民族国家である。人口密度の低い地域は、ひとたび動乱が起きれば、いつも逃げ場になってきた。ロシアで革命が起きれば、既存の政治的勢力は赤軍に追われ、シベリアの白軍はモンゴルに逃げ込んでいる。周囲でそうした騒動が起きれば、モンゴル国内でも改革の動きが出て、一九一一年に中国の辛亥革命で清朝が倒れると、モンゴルでもこの年の十二月にはモンゴル独立が宣言され、モンゴル政府が樹立された。

そもそも司法・行政機構は、清朝が持ち込んで、官僚機構は形成されており、国家というファンタスティックな象徴としては、チベット仏教の活仏が設定されていた。そうなると国家というまとまりもあり、官僚機構の仕組みもあり、あとは行政府のスタッフが決まればよい、という皮袋に水を注ぐだけの状態になっていたのである。

こんなときは暗躍する者たちが出る。オタイはロシアの財政援助に頼ったあげく借金がかさみ、それを清朝に肩代わりしてもらって、その後清朝への反乱を起こして、外モンゴルに逃げ込んでいる。ハイサンは反漢暴動を組織して官憲に追われ、外モンゴルに逃げて、王侯貴族を次々と説得し、独立国家の必要を説いていた。外モンゴルは、すでにそこに住みついていた各部族代表の王侯貴族と亡命革命家のたまりのような状態だったと考えられる。つまり独立国家形成のための必要条件は、ほとんど整っていたのであり、あとは機会だけであった。

こうしてボグドハーン（聖なる皇帝）モンゴル国ができあがるが、モンゴルの周辺で勢力を広げようとしていたロシア帝国、中華民国、日本ともこの国家を承認していない。唯一例外的にチベットとの間で相互承認条約を結ぶことができた。実質的には中華民国の支配が続いた。ロシア革命以降、モンゴル人民党はロシアの支援を得て、中華民国軍、白ロシア軍を撃破して、ようやく外モンゴルの独立を確保したというのが実情である。この後一時日本の関東軍がこの地を支配するが、終戦とともにそれも終わっている。

国家というまとまりは不思議な仕組みで、現実の個々の行政単位でもなければ、民族の集合体でもない。ましてや短期間で変貌していく市民社会の集合ではない。何か人のまとまりを維持するさいに、個々の人々の集合やネットワークとともに、同時にそれらを超えたそれらとともにあるイメージ的なまとまりが出現する。このまとまりの場所は、特定の象徴が埋めていたり、歴史的な事実で埋められていたり、伝説によって埋められていたり、その他なんでもありのような場所なのであろう。そうしたなんらかのもので埋めることのできる場所が、国（近代ではネーション・ステイツ）と呼ばれるものであるようだ。現実の社会的ネットワークの作動とともに、その作動にファンタスティックに伴う独特の二重作動のようである。近代的な国家の必要条件が、国民、領土、主権である。ただしこれでは機能化した行政区分に重なってしまう。

モンゴルでは、国家という場所が「ボグドハーン」のように具体的な輪郭をもった、まとまりをあたえるイメージとなっている。歴史記述をつうじて歴史が国のこのイメージを支えると考えている国家は、東アジアには多い。実際に多くの民族が覇者であることを競い、現実に支配者の交代が行われた国では、現在を理由づけ現在を正当化するものは、歴史なのであろう。おそらくこうした国では歴史の意味がいくぶんか異なっている。東アジアの国々が、歴史認識というとき、個々の歴史的事実認定が問題になっているのではない。歴史こそが現在の理由だという主張である。この点では日本は東アジアの例外だとも思える。そして日本は、このことがピンと来ないのである。日本の歴史は、まさにいま、あるいは未来への予期によって形成されるのである。これだけ歴史の意味が異なれば、個々の事実認定ではなく、また歴史観そのものではなく、むしろ歴史という経験が異なってしまう。

ウランバートルにも歴史的記念碑と呼ばれるものがいくつかある。市内の小高い丘には、ロシアとモンゴルが共同して立てたノモンハン勝利記念碑が建っている。ザイサン・トルゴイで

ザイサン・トルゴイ

ガンダン寺

ある。

しかしモンゴルのようにこれだけの自然をもてば、歴史がごく短期的な最近の人間の営みのようにも見えてしまう。自然から見れば、歴史とはある意味での測定誤差である。モンゴルの歴史観について聞く機会はなかったが、感触として東アジアとは異なる印象がある。歴史と現在の間には、そこに地平のように浸透している自然がある。

この自然は歴史の固定を回避し、歴史の弾力の回復に寄与するはずである。歴史とはつねにすでに引き受けてしまっているものであり、誰しもそこから免れることはできず、作為的に変えることもできない。また歴史によってもたらされた帰結には、誰しも責任が付きまとう。だが歴史は何かの理由や根拠となる固定点ではないはずである。モンゴルにも歴史的記念碑は存在するが、むしろ住民の生活と地続きになったような文化的な記念碑があるに違いない。それがチベット仏教系の寺院である。

ウランバートル市内に、チベット仏教の総本山のようなガンダン寺がある。一九三八年に共産主義者によって壊滅的に破壊され、その後再建されたお寺であり、そのなかに巨大な仏像が収められている。この破壊は徹底したもので、九百の修道施設が破壊され、夥しい修道士が殺害され、五つのお寺の建物が燃やされている。破壊前のお寺の跡は、再建されたお寺の前庭部に柱が一本残されているだけである。一九九〇年以降のモンゴル民主化のあと、仏教の活動のための寺院が再開された。出家信者も多いようで、このお寺を中心にして修行のためのセンターのようになっている。モンゴル初代活仏ザナバザルは、アーティストでもあったらしく、多くの絵画、彫刻を残した。こうした作品が一堂に集められ、美術館として一九六六年に開館している。いずれにしろモンゴルの文化の感触を掴むためには、やはり三か月ほど暮らしてみなければ、分からない部分がありそうである。

参考文献

石井祥子他『草原と都市：変わりゆくモンゴル』（風媒社、二〇一五年）
風戸真理『現代モンゴル遊牧民の民族誌：ポスト社会主義を生きる』（世界思想社、二〇〇九年）
小長谷有紀『人類学者は草原に育つ：変貌するモンゴルとともに』（臨川書店、二〇一四年）
萩原守『体感するモンゴル現代史』（南船北馬舎、二〇〇九年）
Ts・バトバヤル『モンゴル現代史』（芦村京、田中克彦訳、明石書店、二〇〇二年）
藤田昇他『モンゴル：草原生態系ネットワークの崩壊と再生』（京都大学学術出版会、二〇一三年）
楊海英『植民地としてのモンゴル：中国の官制ナショナリズムと革命思想』（勉誠出版、二〇一三年）

第3章
ジャパニーズ・リンボ

Japanese Limbo

3 − 1

大地の熱

Fire of Earth

八丈島　二〇一四年八月

八丈島は溶岩性の島であり、海底の溶岩が噴火とともに盛り上がり、冷えても浪に消されることがなく、山の手の内側ほどの大きさを維持している。この島ができるさいには、数千メートルに及ぶ大噴火があったと思える。島には、二つの大噴火のあとが残っている。南側の三原山は、およそ十万年まえの噴火のあとであり、現存する山は七百メートルほどの高さである。北の八丈富士は約一万年前から数千年前の噴火であり、新たに噴火した溶岩が三原山と地続きになっている。その二つの山の間に狭い平地があり、空港や滑走路、その他の商業施設を含めてほとんどこの平地に位置している。島の北東に八丈小島という切り立った無人の島がある。切り落としたような小島で、海からそのまま山である。またさらに南方五十キロほどのところに青ヶ島があり、いずれも八丈島町の管轄である。かつて島流しになり、さらに八丈島で犯罪を犯した者は、八丈小島や青ヶ島に再度流されたようである。

八丈島には八千人弱島民が暮らしている。島に固有の大規模産業は見当たらない。漁業と観光で成り立っているようにも思えるが、大量の観光客が殺到しているわけではない。都内から三百キロほど隔たっており、簡単には入ることができない。観光に特有の隣接観光地がない。隣り合う観光地がいくつかあり、それらを結びつけるような選択肢があれば観光地化するかもしれないが、島は一種の天然不連続点である。

気候は、亜熱帯性である。どんよりとした湿気に満ちた空気であるが、海水の湿気が多く含まれて空気が重い。何故だかわからないが、潮の香りがない。大きな港湾や砂浜があれば、そこに海水と空気の澱みが生まれ、海藻や汚物や貝殻の入り交じったような独特の潮の香りがある。だが八丈島の潮には、ほとんど香りが感じられない。強風に晒されて、いつも空気が入れ替わっている。香りとは「澱み」のことかとも思える。

海岸沿いには、溶岩がそのままの形で残り、断崖絶壁となった箇所がある。「南原千畳敷」と名前の付いた場所である。溶岩性の大きな石がごろごろと残り、波風に洗われた溶岩は、複雑な起伏になっている。一つ一つの岩も穴だらけだが、それ以上もはや風化が起こらないほどすでに穴だらけである。そうした地形が海岸沿いに一キロほど続いている。浅間山の中腹に残った「鬼押出し」にも似たような景観がある。南原千畳敷は海岸沿いであるため、絶壁を作り出している。宮崎沖の青島の「鬼の洗濯岩」も見た目には似通っているが、これは四万十層が、隆起によって横倒しになり、柔らかい層が削られて、凹凸の起伏が出来あがっている。通常溶岩の上には、火山灰が蓄積し、それがアンツーカ様の表土となり、この表土でイモを作り、粟や稗を作る。海岸沿いでは、その表土が波に洗われて溶岩が直接現れているのである。

岩の本質は圧力である。強い圧力がかかり、固さとなる。そして数万年程度では壊れないほどになる。そのため岩は、大地という圧力の恵みである。それを切り出してときとして建築や彫刻に使っている。岩には偶然の産物である形と固さがある。見た目には形の多様さが際立つが、本来の質は固さの多様さである。岩の質に触れることは簡単ではない。昆虫少年は夥しくいるが、岩石少年はめったに見たことがない。実際には同じほど多様で面白いはずなのだが、固さやもろさにかかわる感覚の細かさを、人間は形成しそこなっている。たとえば三気圧、五気圧、十気圧のような気圧の違いを体感している者はほとんどなく、圧力への知覚は形成されないままである。岩は、そこに閉じ込められた熱と閉じ込める圧力と、さらに冷えていく時間によって、さまざまな質をもつ。溶岩も空気から隔てられ強い圧力がかかり高温で圧縮されて変質すると、花崗岩や変成岩となる。住宅の垣根の下の石垣は、こうした硬質の岩を集めたものである。鉄を鋼鉄にする場合と似通ったものである。密度を再編することが、硬さの特質である。

南原千畳敷

島は亜熱帯性の気候であり、夏の最高気温も二十八、二十九度程度で、朝夕には十分に気温が下がる。一日のうち朝夕に雲がかかり、短時間雨が降ることが多い。そのため湿度が高止まりしていて、空気が皮膚にまといつく。高温多湿の気候には、シダ類がよく似合う。本来島全体が一面のシダ類の緑であってもよいのだが、戦後の国策によって、この島にも夥しいほどの杉が植えられている。一年ごとの年輪の幅が大きい杉であるため、幹が柔らかく建築には適さない。それどころか調理用の炭を作ることも難しい。炭は硬い木を燃やし、一定温度で出るべきほどの煙が出てしまったところで酸素を断ち、火を消して出来上がる。硬い木であれば、煙は出ても本体はほとんど燃えていない。この段階で火を止めれば炭になる。ところが八丈島の木では、煙を出している間にかなりの部分は燃えてしまう。これでは炭が細ってしまう。

亜熱帯性の植物の緑は軽く、赤はほとばしるほどの激しさである。激しい赤は、南方の特質でもある。朱が厚く、飛び跳ねるように激しい。一般的にはどぎつく、それが気候によく似合っている。緑の薄さは、葉緑体の密度が薄いことから来ていると思われる。棕櫚も蘇鉄も、緑が浅い。光を集めること以上に重要なことがあるに違いない。植物のなかには、枝が地面に向かって垂れ下がるものがある。太陽に向かうのではなく、幹を取り巻くように垂れ下がるのである。スカートや腰巻に似ている。

シダ類の宝庫である「ヘゴの森」というのがある。有料の解説者の同行でしか、この森には入ることができない。同行者は、七十歳過ぎと思えるような老人であり、名刺によれば「NP

〇八丈島観光レクリエーション研究会」のメンバーになっている。このNPOがヘゴの森を管理維持しているようである。ヘゴの森は個人所有地であり、管理運営だけをNPOが行っている。ここに自然発生的に生育したシダ類以外に、多くのシダを植生し、どんどんと増やしているらしい。森全体は、湿度に満たされており、潅水用の森となっている。

ヘゴの森

シダは、いつも密生している。閑散としたシダの群れは見たことがない。密度の高さが、生育の条件を決めているようである。周囲に一定の湿度を維持するためには、密生したほうがよい。あるシダを見ながら、ここにしかない種だと説明されても、容易には見分けがつかない。春には「ゼンマイ」や「ワラビ」が生い茂りそうな適地はたくさんある。ところが島民は、ゼンマイやワラビは食べないらしい。食べないものは、当然のことだが見えはしない。都内の事業所から転勤になった人は、ただちにそれらを摘んで、和風料理を作る。そうした人たちがいても風習として根付かないようである。

「あしたば」というどの料理にも必ず添えてあ

る葉っぱがある。摘み取っても、翌日にはさらに新しい葉が出ているので、「あしたば」というらしい。春先には葉も柔らかく、刻んでも食べられるらしい。ところが夏のあしたばは、葉も硬く筋も強くて、とてもそのままでは食べられそうにない。そこで葉を天ぷらにして、各種料理に添えるのである。それ以外には、饅頭にも混ぜ、ソーメンや蕎麦にも混ぜ、さらに京都名物生八つ橋にも混ぜて製品化しているが、それも大した風味はない。シソのような風味はなく、クレソンのような瑞々しい新鮮さもない。それでも島の代表的食材のようになっている。郷土料理と言えばこれ以外には、魚のクサヤだが、あの匂いが暑さや湿度に対処する手立てなのかどうかはわからなかった。

水田はごく狭い範囲でしか成り立たない。稲を育てるほどの豊富な水がないのである。そのためイモ類を植えており、サツマイモが入って後、飢饉も緩和されている。しかし野生でも育つようなイモ類としては、里芋であろう。ヘゴの森のなかにもかつて里芋を作っていたような小さな畑のあとが残っている。

夏休みのせいか、今回はホテルと呼べるような宿舎は取れなかった。泊まったのは、民宿風のロッジ「満天望」である。「満天望」は海岸から百メートルほどのところにある。この距離だと夜通し浪の音が聞こえる。波打ち際の寄せては返す浪の音ではない。岩にぶつかるような衝突音である。島全体に浪がぶつかり、轟音のようである。夜明け前の鳥の声も騒々しいほどである。ここまでこなければこうした自然音が聞こえてこないのかとも思える。おそらくここで育った人たちには、浪の音も風向きによって、大きかったり小さかったりするのであろう。

あるいは多くの鳥の声の中で、その日珍しく聞こえてくる鳥を聞き分けることもできるのであろう。耳をすましただけでも、五、六種類の鳥の声が聞こえるが、この鳥の声と鳥の姿が結びつくことはない。ホトトギスのような声も聞こえる。しかしこの猛暑のなかでホトトギスが天に向かって叫び続けるのだろうか。

セミはツクツクホウシばかりで、アブラゼミの声はまったく聞こえない。アブラゼミは、音量が高くせわしない声で、いかにも暑苦しい。セミは島に運び込まれた植物にくっついていた卵が孵化し、またたくまに増えたのであろう。アブラゼミが、何故入ってこなかったのかについてはよくわからない。

シマには独特の憂いと明るさがある。シマは、ある固有化した領域のことであり、反社会的勢力でも、自分の勢力圏をシマと呼んでいる。また部落や集落も、地方によってはシマと呼ばれている。シマはある種の閉域であり、地理的概念ではなく位相学的概念である。天然のシマが、離島である。

伊豆には、大島、利島、新島、神津島、三宅島、御蔵島、八丈島の七つの島があり、漁船や交易船が漂流し、乗組員たちが島に上陸し、そのまま住み着くようになったというのが実情であろう。八丈島でさえ、縄文式土器が出てくる以上、かなり以前から漂着が起きていたと考えられる。乗組員からすれば、船の舵が効かなくなり、漂流を続けていくうちに、島を取り巻く周回流に入り込み、どこかに行きつくのである。水流のなかで小さなゴミが大きな停止しているゴミに引っかかるようなものである。台湾の漁船が漂着した記録も残っている。流人の和田藤左衛門（享保十三年流入）は、台湾人たちと筆談で交渉できたようである。この和田藤左衛門が、切り干しのサツマイモ（干イモ）を工夫考案し、備蓄食料が一挙に増大している。島の大きさから見て、船は小さなゴミよりももっと小さなホコリ程度のものである。

島は容易には抜け出すことができない。一度入ってしまえば、周到な計画を練らなければ簡単には抜け出せない。そのことによってある種の覚悟と気持ちの区切りが必要となる。それが独特の憂いと明るさをもたらしているように見える。

こうした覚悟が、強制的に外からもたらされたものが、流人である。このとき覚悟はときとして悲嘆ともなり、憤慨ともなり、さらには絶望ともなる。島の特徴は持って行き場のないことである。餓えても凍えても、それに対応する選択肢は少ない。そのため島送りになって再度犯罪を犯す者もいる。そこでさらに八丈小島や青ヶ島に流されるのである。島送りとは、選択肢のない場所に閉じ込めることであり、あるのは何をするのも自由という「意識の自由」だけである。要するに放置されて、野垂れ死にすることがほぼ確定している状態である。また島は、幸運に恵まれれば、やがて出ていく場所でもある。そしていつでも出ていくことを夢見ている場所でもある。多くの場合果たされないままになるが、機会に応じて出て行こうとする場所である。

もとより女郎流人もいた。売春は当時は合法化されており、それじたいは罪ではないが、深川あたりで火付けをして島送になったのである。彼女たちは、天来の職をもち、場所を代えて島で開業している。現金はそれほどあるはずもなく、芋との交換であったらしい。そうなれば客引き男も周囲に出現するようになる。

また冤罪もしくは不当なほどの量刑によって島送りになったものもいるはずである。大草太郎左衛門（寛政二年流入）は、代官をしていたときに何か上役に気に入らないことを言ったという廉で、島送りになっている。この人物は十年間、自分で水を汲み、塩水を汲むことも、煮炊きをすることもすべて自分で行っている。十年経って本土に戻ると再度官途に就いている。もともと無罪であり、手違いのような島送なのだから、事故に遇ったような島流しである。また滋運（延亨四年流入）は、冤罪を憤り、何度も抗議を行い、それでも通じないので断食までしているが、そのまま死んでしまった。彼の墓（大賀郷崇福寺境内）の前には二本の蘇鉄が植えられており、この蘇鉄が花を付けると、ご赦免があると言い伝えられるようになった。それが「蘇鉄花」である。

こうした流人の詳細が現在でも分かるのは、近藤富蔵（文政十年流入）が、『八丈実記』三十六巻を延々と書き残したおかげである。この文書は、もともと六十九巻もあり、そのうちの二十九巻を東京都が買い上げ、それが三十六巻に編集しなおされ、都公文書館に所蔵されている。残りの巻は八丈島に返還されたが、現在でも行方不明である。富蔵は、親の家が隣家と敷地境界でもめており、それを解決しようと交渉にあたるが、隣家の塚越半之助が博徒で交渉が進まないため、一家七人を皆殺しにしてしまう。その廉で島送りになったが、八丈島では、仏像や位牌入れを作り、石垣を築き、畳替えの仕事もして、多くの文書を残した。いまでも残る旧服部屋敷の石垣は、近藤富蔵が作ったものである。

八丈島で最も有名な流人は、宇喜多秀家である。豊臣方（石田光成・西軍）につき、関ヶ原で敗れて、流人となるが、八丈島でも宇喜多家は続いている。立派な墓も残っている。係累は、浮田と苗字が変わっているが、加賀の前田藩から米と金銀の仕送りがあったために、八丈島でも歓待されていたようである。島流しと言っても、政治犯、思想的な騒乱罪、軽犯罪、重罪までいろいろな理由で流人扱いとなっている。思想犯では、梅辻飛騨の守規清（弘化四年）が著名で、神道を説き、儒教を攻撃し、勤王開国の志士であった。要するに危険分子ということで島流しになったのである。

地元島民には、こうした流人はどのように見えていたのか。武士、僧侶、神官からは多くの外来知識がもたらされ、また新たな技術の導入も起きている。元来男女比で見ると、いくぶん女性の多い島である。その分だけ、都会のイケメンの男たちが追放されてやってくるのだから、「男」の提供にもなっている。八丈民話には、親に禁じられても、なお流人イケメンのところに家出していく美女の話も残っている。流人の非正規の妻になる場合には、「水汲み女」「機織り女」等の呼ばれ方をした。地元島民にとってやっかいなのは、それらの有用な流民たちもいずれは、本土に帰るべき人たちである。突然やってくるご赦免は、生活のパターンを否応なく変えてしまう。いつかは終わり、それもいつ終わるのかわからないまま、流人と島民との生活は続く。本土に帰るさいに家族を連れて移動する者、本人だけ帰ってしまう者、男児だけを連れて帰る者等さまざまであったらしい。

長期間自己維持するものは、大きく変わらないことを必要条件とする。そのためには余分なものをできるだけ生産しないこと、気候条件に依存する急変（飢饉、激変）に対しての備えがあること、日常生活に欠くことのできない物を購入できるだけの特産品をもつこと等が、必要条件の細目となる。八丈島は、ひととき二万人程度の人口をかかえ、現在は人口減少が続いている。ＮＴＴも自動車販売も、営業所の人員を減らし島から去っている。東京都に属しているためか、道路は隅々まで整備されている。それも立派な国道である。ガス（プロパン）、水道、電気のインフラは整っている。

宇喜多秀家墓

持続可能性とは、ある意味で生産の速度を遅くすることであり、生産速度の遅さを製品の価値に転嫁できれば、経済合理性に適っている。それが伝統工芸品である。これは言葉だけの問題ではない。実際にスイスの時計では、一つ一つ手作りで作られる製品は、製品番号まで付いているものがある。時間を計る機能性だけで見れば、いくらでも安価で必要な機能性を備えた時計を作ることはできる。それとは別系列で、良い時計をもつことはできる。それは職人の技術と技巧の蓄積を購入するような製品である。寸法を測り仕立ててもらうスーツも同じである。これらは装飾品に限られたことではない。日本製あるいはドイツ製の自動車は、余程のことがあっても壊れず、かつ長時間乗っても疲れないような工夫が凝らしてある。エンジンもしっかりしている。このタイプの持続可能性が、一つの典型的なタイプである。一品を一つ一つ丁寧に作るのである。

もう一つの典型例はこれと対極にある。携帯電話やスマホのように次々と新たな機能を付加させ、新製品を短期間で投入し、機能水準を切り替えるようにして、製品の需要を作り出しながら展開して行く製品系列である。マイクロソフトのウィンドウズのヴァージョンはどんどんと切り替わっていくために、それに合わせて買い換えていくことになる。製品そのものが担う機能性の範囲が異なるために、需要の範囲が異なってくる。つまり需要を拡大し、マーケットの規模を更新しながら、製品が投入されていく。コンピュータ製品がここ三十年行ってきたのが、こうしたマーケット拡大タイプの生産だった。

この二つのタイプは、持続可能性の典型例である。前者は、古典作品に似ており、後者は次々と装いを変え、読者層を更新していく新刊雑誌に似ている。あるいは前者は、一挙に進んでしまうプロセスに、何重にも調整機能を付加して、速度を遅らせる生命一般の仕組みに似ており、後者は次々と突然変異していくウイルスに似ている。生命とは、化学反応としてS字型で一挙に進んでしまうプロセスを、触媒を用いて速度調整する仕組みのことである。またウイルスは、ニワトリから人間に取りつくように、「マーケット」を広げながら急速に拡大していき、どんどんと新種のウイルスとなる。

前者では生産量が飛躍的に増えるわけではないので、労働人口の減少期でも十分に対応できる。ただし個々の職人の技術が身に付くまでに、一定の年数がかかる。また後者は製品の普及期には、一挙に大量の労働力が必要となるが、製品の普及が一巡すると、またたくまに余剰労働力が発生する。新規の参入者も多いため市場を拡大し続けても、シェアが減るということが繰り返し起こる。現在スマホの世界シェアは、アップルとサムソンが分け合っているが、中国製のスマホが大量投入され、価格が三分の一程度の中国製は、またたくまに普及している。

八丈島には、「黄八丈」という有名な染め物の工芸品がある。江戸時代以前から貢納品として扱われ、年貢として米の代わりに納めていたらしい。現在でも伝統的な機織り機で、手作業で布地を織っている。左右に糸を通した駒車（杼）を動かし、カシャ、カシャ、カシャと手織りで織り込んでいくあの手法である。幼少期、私の実家にも機織り機があり、祖母が時々布地を編んでいた。真似をして自分でもやってみるのだが、子供のことだから集中が続かない。

材料は、繭からとる絹である。桑を植え、カイコを飼って、やがて繭になる。カイコは夜通し桑の葉を食べ、養蚕場のなかはカイコが葉を噛む音で不気味なほどの音量となる。繭は蛹の段階で、そのまま放置しておくと、やがてカイコの成虫が生まれて、蛾のような姿の虫が繭から抜け出してくる。その前の繭の段階で、繭には表面に何重にも強い繊維が取り巻いている。それを薬品処理することで分離して絹繊維を作る。合成繊維と異なり光沢と柔らかさがある。これを草木染で染色するのである。

染色は、試行錯誤の世界である。たとえば桜色の染料は、桜の花びらを見れば、誰であっても作ってみたいものの一つである。ところが花びらを集めて煮だしたのでは、桜色の染料は作れず、色素そのものが壊れてしまう。桜色の花びらの色素は、樹皮からもたらされているはずであるから、花びらの出るずっと以前に桜の木は全身で桜色に染まっている時期があるはずである。そこで花びらの出るずっと前に、たとえば雪国であれば桜の幹が雪に埋もれているような時期に、樹皮を削り、煮出して桜色の染料を採るのである。また緑色の天然の染料はかなり難しい。緑色のセーターをときどき見かけるが、あれは人工着色剤で作られたもので、草木染ではない。緑の染料を煮出すと透明に近い緑色が出てくるが、それが空気に触れると、またたくまに灰色に変わってしまう。こうした草木染の染料を取り出す作業には、ある種の感性と粘り強い試行錯誤が必要となる。染色家の志村ふくみさんは、天性の感度を備えていた。伝統工芸品には、名前の残らないまま膨大な工夫の蓄積をもたらした人々の前史があるに違いない。

染料が繊維に染み込むと、水洗いしても脱色することはない。その場合には、繊維とイオン性の結合をしている可能性が高い。独特の色合いが出て、かつ容易に脱色しないものが試行錯誤で選ばれてきたのだろう。八丈島の特産が、黄八丈であり、眼がチカチカするほどの輝く黄色である。これはコブナグサというイネ科の雑草から採られた染料で染めたもので、黄金に輝く。ただし染料を定着させるためのいくつかの手順がありそうである。その一つが椿を燃やした灰汁に漬けて染める「媒染」である。細かな仕組みはわからないが、アルミニウム化合物を反応させ、染料を定着させるようである。またタブノキの樹皮を使って染めると、鳶色になる。

何度も染液に漬けては乾燥させ、赤みがかった深い茶色を出している。またスダジイの樹皮で染めた繊維を沼に漬けるのが「泥染め」で、泥の中の鉄分とタンニンを結合させて、色素を定着させるようである。泥の中の鉄分を一様に吸着させるためには、十数回泥に漬けなければならない。

黄八丈の機織り機

こうして黄色、鳶色、黒の三色の繊維ができあがると、機織り機で布地にしていく。布地の長さの単位が、丈であり、八丈という布地の単位が広く用いられている。黄八丈の布地で着物を作ると、およそ三十五万円程度の単価になるようである。こうした工芸産品は、名前とともに広まり、綿糸でも製品化が試みられ、「丹前八丈」「蒲団八丈」「袴地八丈」「裏地八丈」のような製品が全国各地で次々と作られていった。綿糸で全国的に一般化するとともに、絹糸の黄八丈はブランド化したのである。

八丈島には、東京電力管内唯一の地熱発電所がある。生産井二本で、八千人弱の島民の生活用の電力を賄うことはできる。地熱は、季節、昼夜の別なく恒常的に一定の電力を提供することができる。

日本の地熱発電は、全国に十七箇所ある。北海道電力管内に一基、東北電力管内に六基、九州電力管内に五基、さらに民間（三菱マテリアル、杉乃井ホテル、九重観光ホテル、大和紡観光）が四基所有しており、東京電力管内では、八丈島の一基だけである。出力規模も小さい。東北電力や九州電力の地熱発電に比べて、一基当たりの出力規模が、一桁小さいのである。ここにはなにか事情があるに違いない。

地熱の潜在エネルギー量では、日本はアメリカ、インドネシアに次ぎ、第三位の埋蔵量がある。つまり地熱はいまだほとんど活用できていないエネルギー源である。立地や地形に合わせて、居住区や観光地に適合するデザインが必要であり、その部分がいまだごっそりと抜け落ちている。

インドネシアは、必要な電力のすべてを地熱発電で賄うことができるほどの潜在量をもっている。もちろん石油も産出できるので、石油も掘り続けているが、石油だけで見れば、インドネシアは純輸入国である。現状では、地熱発電は、総電気エネルギー四％を賄っているに過ぎない。インドネシアの地熱発電所の建設には、多くの日本企業が参入している。日本にはすでに地熱発電の技術はあるが、さまざまな規制がかかっているために活用できていないのが実情である。温泉で有名な最北のアイスランドは、自然エネルギーでほぼ必要エネルギーをまかなうことができている。美肌効果があるといわれるブルーラグーン温泉は、実は人工の温泉である。地熱発電で汲みだした温水を、温泉場に流して出来ている。またこの温水は、パイプラインで都市部に流され、暖房用のエネルギー源として活用されている。多目的型の活用が可能なのが、地熱発電である。当初冬場の暖房用として活用されていた温水が、発電にも活用されるようになったというのが歴史的経緯である。

八丈島地熱発電所

八丈島の地熱発電は、地中千五百メートルほど掘削し、そこに熱水を汲み上げる鉄製パイプを降ろし、地表面近くで水蒸気となる湯気を細い配管に通し、タービンを回して発電する装置である。立地には、いくつか条件がある。熱源が地中の比較的浅いところまで上昇していること、そこにかなり豊富な水があることは絶対条件である。地中の水は、簡単には沸騰させてはならず、水蒸気にしてはいけない。気化にエネルギーを使ってしまえば、熱は水蒸気に含まれてしまい、運動エネルギーに転嫁できるエネルギーが減ってしまう。深さ千五百メートルでは、圧力が水蒸気分を含めると二十気圧程度かかっているために、水は簡単には気化しない。この深さによる圧力が、エネルギーを閉じ込めるために重要である。その場合、水は沸騰しないまま三百度程度の液体になる。この高熱の水をできるだけ地表近くまで、汲みだすのである。熱水を配管で汲みだすためには、広い範囲に水蒸気が噴き出しているような地形では適性が低い。むしろ地表あたりの地層が粘性で詰まっており、自然状態で湧き上がってきた水蒸気が地表に出てこず、冷やされてまた地中に戻るようなところを活用したほうが良い。出口がなく熱水が閉じ込められた状態だと、水の水温が上がり、そこに配管を降ろせば熱水を集約的に活用することができる。水温が上昇するための最適の地形、地層がありそうである。できるだけそうした場所を探して、地熱発電の施設を設置するのである。

ちなみに最初の原初的な生命体は、海底噴火口近辺で出現したらしく、水深二千メートル程度の噴火口が生誕地になっているようである。こうした場所では、気圧が二十一気圧あり、熱源もあるので、比較的分子鎖の長いオリゴペプチドがごく自然に出来上がる。しかしこの場合には、熱源の近くに留まっていれば、高温の水にさらされて、オリゴペプチドは簡単に分解してしまう。つまり最初の高分子ができたとき、ただちに流されて冷水に触れる必要がある。海底噴火口近辺の温度は、高温水から冷水まで、傾斜がついており、この温度の傾斜のなかで、オリゴペプチドは安定し、複数のオリゴペプチドが結合するとポリペプチドとなる。これがタンパク質の素である。オリゴペプチドの生成までは、実験室で確認されている。

地熱発電では、地表付近で高温の熱水が気化して水蒸気になれば、水蒸気の濃度の低い方に一方向の運動が起きる。ここにタービンを置いて電気にするのである。そのための装置が生産井であり、八丈島の地熱発電所には二本の生産井がある。その場合水蒸気をできるだけ逃がさず、閉じ込めたまま地中に戻し再利用する。それが還元井である。熱源近くの水は、長期間にわたって蓄えられた水であり、水こそが熱源のエネルギーを地表まで運ぶエネルギーの媒体なのだから、それが不足する事態は、地熱発電の停止でもある。水の代わりにアルコールを媒体とすれば、沸点が八十度程度であるため、より小さなエネルギーで運動エネルギーに転換することができる。

八丈島で必要とされる電力のうち、地熱発電で賄っているのは、現状では二五％程度であるらしい。それ以外は火力発電である。地熱発電で、事業所の電力をまかなうことは容易ではないが、家庭用電力には十分に役立つ。ガソリンも都内と比べるとかなり高い。電気自動車もかなり広まっている。離島のエネルギー源は、多並行分散型になる。まだまだ工夫の余地がありそうである。

参考文献
浅沼良次『八丈島の民話　新版』（未来社、二〇一六年）
葛西重雄、吉田貫三『八丈島流人銘々伝　増補四訂版』（第一書房、一九九五年）
清水政彦『東京で地熱発電：地熱資源大国ニッポン』（並木書房、二〇一二年）
柳田國男「島の人生」（『柳田國男全集1』ちくま文庫、一九八九年）

吉本嘉門編『黄八丈』（京都書院、一九八八年）

3－2

ファンタスティックロード

Fantastic Road

熊野　二〇一五年九月

熊野は、標高の低い山が幾重にも入り組み、それが海岸近くまで続いている。この山の総数は、三千とも三千五百ともいわれる。小さな山の底を一つ抜けると、次の山並みが半開きの扇のように出現する。それが何度も繰り返される。地図がなければ、自然の迷路である。迷路を抜けることは、それじたいでプロセスである。一つの迷路を抜け、次の迷路に入りまた抜ける。この感触は独特のものである。巨大な山に登り頂上に到達し、まるで目標に到達したかのように達成される登山がある。苦難を乗り越え、一つ一つの手順を目標への到達に組み込み、そこに到達すれば大半の課題が達成される。また尾根の縦走のような眺望的な視界の移りゆきを満喫する移動もある。鳥瞰的な見晴らしが次々と移り変わることを楽しむのである。これらに比べれば、迷路を繰り返し抜けていく移動は、最終的にどこかに到達することを目標としてはいない。またパノラマ的な眺望を獲得しているのではない。迷路はやがて終わることもあれば、場合によっては終わらないこともある。また迷路の途上に、さまざまなものに遭遇することもある。それが滝であったり、巨大な岩であったりする。熊野の基本は、ファンタジーである。

迷路のさなかの風景には、いくつもの特異的な特徴がある。迷路を抜ければ繰り返し視界が開けるが、開け行く視界は、どこか映像のようで、まるで日常の現実性とは異なったものである。映画の一コマのように現実性が成立している。だがこれが現実なのである。こうした現実性に自分自身の経験を釣り合わせるためには、いくつもの文化的な装置が必要となる。それが文化の蓄積となる。

迷路のさなかで出現する風景は予測が効かない。富士山の頂上のように到達点に到れば、どのような眺望なのかは予期のなかにある。そしてその予期にふさわしい風景に感動するのである。感動の予兆が満たされる。それが確かな現実感となる。湯の峰から熊野本宮に到る古道で、下りの山道を降りていくと、木々の隙間から眼下に水の流れが感じられる。それがどのようなものであるかはわからない、大きな池のようなものか、ダム状のものか、それとも流れの緩やかな幅広の川面なのか、その時点ではわからない。しかもそのわからなさは、平地に出るまで続く。そしてそれが川幅百メートル近くもある熊野川の蛇行点であることが突如わかる。

古道は気が付いたときにはすでに始まっている。バスで古道の近くまで行き、歩行を開始する。民家の生活圏の範囲を進んでいく。南方熊楠の下宿した民家跡も看板付で残っている。そして気が付いたときにはすでに古道に入っている。明確な区切りがないことは、実はどこで始まったのかもはっきりしない。本当はバスに乗っている間にもすでに始まっていたのかもしれない。観光用に作られた石段は、人工的に保存されたもので、この保存はごく最近になされたことである。一般に迷路の中の通路は、始まりも終わりもない。迷路に彷徨いこむとき、開始はつねに追憶のなかにしかない。それは厳しい上り坂であったり、道路脇の巨大な杉の木であったりする。それらは実は迷路のランドマークでしかない。というのもすでにそれ以前に迷路は開始していたのである。変化率や突発的な事象は、つねに記憶のなかで区切りを形作る。

このあたりは修験道のような厳しい修行を行う者たちがいたことが知られている。だが自然条件から見て、ここでは厳しい修行を行うようなことはできない。靴と服装にもよるが、それほどの厳しさがないために参詣者が数珠のように並ぶ「蟻の熊野詣」が成立している。どちらかと言えばハイキングコースなのである。いったいこの山並みに人は何を求めて、入り込んだのかとも思う。いくつもの尾根を移り行き、別の尾根に入り込み、ときとして目標地点から隔たり、また気が付けば目標地点のすぐ手前まで来ていた、というようなことが起こる地形である。本宮に到るためにもいくつもの筋道がある。

迷うこと、通過することは、経験の基本である。知であれば、迷うことを試行錯誤だと呼び、通過することを経験だと呼んでいる。迷うことも通過することも、何かを獲得することではない。最終的な位置からそこへと向かうことが、知の習い性となってしまっており、それ以外のあり方を満喫することができない。多くの場合、ともかくわかりたいのである。わかったときにはすでに終わっているはずなのだが、それを感じ取る余裕さえない。どこまでも通過点であるような知は、「無限性」に対しても生じる。ある場所まで行ってもなお先があるという事態である。これは無際限性であって、ここに生じる迷いは、一時的な気迷いである。熊野で生じる迷いは、まとまりもなく取り留めもない。だが気迷いではなく何かは確実にある。

熊野古道と呼ばれるもののもともとの道筋は、実はよく分かっていない。山の中の道は、二、三年人が通らなければ山に戻ってしまい道が失われる。幹線道路が整備されて以降、多くの古道は失われたはずである。千年にわたって利用されてきた熊野古道の実際の道筋はいまでもよく分からない。痕跡の残る一部の道筋を現在のハイキングコースとして活用しているというのが、事実に近いのだろうと思える。

湯の峰から本宮にいたる古道の登り道で、七十歳半ばと思える老夫婦を追い抜いた。長男と思える若い男と三人連れで歩いている。足の達者な老婆が、一人前を歩いている、長男は老人の足元を気遣い、「そこは危ない」「そこは端を歩いて」と細かな配慮を向けている。老人はあらん限りの集中力で、もう少しで終わる登り坂を乗り切ろうとしている。二十メートルほど先を歩いている老婆は、ときどき振り向いて、老人のよたよたした歩みを見て微笑んでいる。老人が老婆に向かって「馬鹿にしただろう」とにこやかに言う。老婆は、「馬鹿にはしていませんよ。ただおかしいだけ」と微笑み返す。おそらくこうした場面が、古道の風景なのである。気負い立って登るのでもなく、また苦行を自分に課すのでもない。ほどほどの苦しさの負荷のもとで、はじめて感じられる快があり、はじめて見えてくる局面がある。それが古道である。

これらの道が、伝統的に「辺路」と呼ばれるのも、どこか似つかわしい。これらの多くは、二〇〇〇年に「熊野参詣道」として、史跡として国家登録され、二〇〇四年に「紀伊山地の霊場と参詣道」としてユネスコに世界遺産登録された。道とは境界のことであり、切り別れる分岐線である。それによって視界が決まる視界線である。道には石畳のある個所もあるが、それによって立派な道路になっているというわけでもない。道の多くは、実は水の通り道でもある。おのずと水の流れる窪地を、道として活用している。紀伊半島のように降雨量の多いところでは、自然条件から石畳が必要にもなる。

この地帯の地層は、火成岩と火山灰からなる。山並みのいたるところに小さな絶壁があり、巨岩がある。一面小さな植林による杉の木がある。そのなかに巨大な杉がいくつもあり、列をなしている。熊野那智大社の石段は、こうした火成岩から切り出されたものである。また巨大な滝が成立するためには、滝の落ち口あたりには硬い岩盤がなければならない。そうでなければ滝が崩れてしまう。

岩には独特の感度がある。新宮の本家とでも呼ぶべき神倉神社は、山頂の巨大な岩をベースにして成立している。見てくれがヒキガエルに似ているので、「ゴトビキ岩」と呼ばれており、かなり遠くから見ることができる。この山を中心に「神倉神社」ができそこから社屋を移すように速玉大社が作られたために、そこを「新宮」と称している。新宮は本宮との対名称ではない。

山頂の岩は、数万年単位の時の流れにもびくともしていない。造山運動の奇跡的な偶然によって出現した、山頂の岩である。人間の造ったものは、スカイツリーのようにたとえ身の丈をはるかに超え出て、圧倒的な高さを誇るものであっても、どこまでも人事の延長上にある。

スカイツリーは迫力はあるが、奇跡はない。精密な計算はあるが、偶然の意匠はない。手続きの気の遠くなるほどの繰り返しはあるが、由来の不連続な不明さはない。岩は大地から植物のように生え出ている。ただし成長や崩壊のサイクルのオーダが植物とはまったく異なっている。岩の変化のオーダは、数万年から数十万年だろうか。そして人間にはこのオーダの時間の流れをそれとして感じ取ることは、ほとんど困難である。岩を感じ取ることのなかに、この地の自然環境の霊感の一つがある。これは崇高さを求める自然崇拝とは異質なものである。

この地で育ちいくぶんかこの地を生活圏としてきたものと、ただ訪問してしばらく滞在したものとでは、受け取りに大きな違いがでることも、この地の特徴だと思われる。観光地化している場所では、こうしたギャップは一般に小さいのだろう。熊野は多くの人が入りこむが、観光地という印象がない。熊野那智大社の古道で、台湾人のツアー客とすれ違った。海外からの日本へのツアーとしては、かなりこだわりのあるツアーである。那智の滝は、日本最大の落差を誇っているが、この世のものとはかけはなれた圧倒的な迫力があるのでもない。観光でないとすれば、何を求めて多くの人がこの地にやってくるのか。日本古来の文化に触れる、ということでもない。文化的遺産に触れるのであれば、奈良や京都がふさわしい。熊野がある時代に文化全般の中心地であったことは一度もない。精確には「何かの中心」という位置を占めることは一度もなかった。文化的遺産としては、つねに訪れるところであり、そして通過し、去っていくところである。熊野は基本的に「通過地」であり、通過することで最も多くの側面を晒してくれる場所でもある。そのためここで育つものとは、受け取りにかなりの違いが出る。新宮で育ち、しばらくここで暮らしていた小説家中上健次の『紀州：木の国・根の国物語』には以下のような記述がある。

紀伊半島の紀州を旅しながら、半島の意味を考えた。朝鮮、アジア、スペイン、何やら共通するものがある。アフリカ、ラテンアメリカしかり。それを半島的状況と言ってみる。大陸の下股、陸地や平地の恥部のようにある。半島を恥部、いや征服する事の出来ぬ自然、性のメタファーとしてとらえてみた。いや、紀伊半島を旅しながら、半島が性のメタファーではなく性という現実、事実である、と思った。たとえば一等最初に降りたった土地、新宮。その土地で半島を旅する男、私が生まれ、十八歳まで育ったので、これまでも新宮と覚しき土地を舞台に小説を書いたが、そこを征服する事の出来ぬ自然、性の土地だと思った事はなかった。熊野川は女の性器、膣のようにある。……

ゴトビキ岩

紀伊半島、紀州とは、いまひとつの国である気がする。
まさに神武以来の敗れ続けてきた闇に沈んだ国である。熊野・隠国（こもりく）とはこの闇に沈んだ国とも重なってみえる。この隠国の町々、土地土地を巡り、たとえば新宮という地名を記し、地霊を呼び起こすように話を書くことは、つまり記紀の方法である。

中上健次の小説作品になぞらえて、紀行文をこうしたメタファーで語り続けることはできる。紀行文も地続きの中上健次の小説世界だと感じられる。ただ通過するものにとっては、それもいくぶんか無理な比喩のように感じられる。岩や入り組んだ山々の生成は、生物学的な生殖の生成とも、人間的な生殖とも、さらに違っている。古事記には、たしかに国作りを生殖になぞらえて記述していく箇所がある。その記述は、露骨なほど明白で、男神イザナギは女神イザナミと、生殖をつうじて国作りをしようとするのである。「わしの身はできあがり、できあがって、ついできすぎの、あまったところが一つある。このわしの身のあまったところを、そなたの身のたらぬところに刺しふさいで、国土をうみ出そうとおもうがどうじゃ。」このイザナギの言葉に、イザナミは応えて天の御柱の回りを回るのである。だが出現の奇跡は、性以外にも無数にある。

ただし何か暴力性の出現しそうな雰囲気は、この地にはある。鮮やかすぎるほどの光の量がまたたくまに途絶えて、急に雨が降りだしたり、いつもは水量の少ない熊野川が、小さなきっかけで氾濫したり、上流の十津川周辺で山崩れが起きて、突如人災的なダムや湖ができたりするところである。実際に数年前、この地を通過した台風のおかげで、にわか作りのダムができたことがある。ダムとは一般に水を堰き止め、放置しておけば流れてしまう水を保存し、飲み水や灌漑用の資源として活用する仕組みである。ところが偶然に出来上がったダムは、決壊すれば濁流となる。自然にできたダムは、水流の変化率を大きくする装置として作動する。一時的にとどめて一挙に流れる水は、それだけで人間の制御能力を超え出てしまう。川の中州にあったかつての本宮社殿が鉄砲水に流されたのも、上流の苔と呼ばれるあたりの土地が崩れ、それがダムとなり一気に決壊したために起きている。

海に反射する光の量も圧倒的で、それがひとたび陰れば重くのしかかるほどの澱んだ海面となる。だが雲が消えれば、台風一過のような洗われた光の量となる。湾の面積も狭く、山も低い。だが落差が大きく、変化率が大きい。この変化率の大きさが、繰り返し胸騒ぎを引き起こす。新宮は、材木の集積場でもある。山間から切り出した材木を、熊野川を筏を組んで下り、河口付近に集積した。その時期新宮は交易の拠点であった。そしてほとんどの場合、そうした場所では、利権の争いが生じる。そうした潜在的な暴力性の似つかわしい場所でもある。

この暴力性の感情面での物語化は、恨みの理解を超えた凝縮であろう。安珍・清姫伝説の初期形態は、熊野を舞台にしている。二人の僧侶が熊野詣にやってきて、一人は年若くイケメン僧侶である。その夜、宿の主である寡婦が若い僧の寝所に潜り込み、契りを結びたいと迫る。若い僧侶は、日頃精進を重ね、はるばる熊野権現に参るためにやってきた、今は意に添えないが、参拝が終われば帰りに立ち寄るからと言い残して出立した。女は僧の帰りを待ちわびていたが、いつまで経っても戻ってこない。そこで熊野帰りの人に尋ねるとすでに参拝を終えて帰ったという。裏切られたことを知った女は、たちまち毒蛇となって二人の僧侶を追いかけ、お寺の鐘のなかに隠れた僧侶を焼き殺してしまう。このお寺が「道成寺」である。これだけ激しい恨みも、どこか熊野に似つかわしいのである。

新宮には、過去の政治的遺産とでも呼ぶべきものがある。戦前の「大逆事件」は、天皇の暗殺を共謀したという廉で、一斉に多くの人が摘発され、速やかに判決の言い渡された事件である。首魁として、幸徳秋水の名前が教科書にも載っている。そのとき検挙された二十四名のうち十二名は死刑であり、十二名は無期懲役である。この二十四名のうち、六名が新宮出身者か新宮在住者である。大石誠之助（医師）、成石平四郎（筏師）は死刑で、高木顕明（僧侶）、峯尾節堂（僧侶）、成石勘三郎（雑貨商）、崎久保誓一（新聞記者）は無期懲役である。熊野川の河川敷には、無宿、アウトロー、下賤が多く集っていたようである。大石誠之助は、彼らの治療や健康維持にあたっていたらしく、社会主義寄りの文章を地元の新聞や中央の新聞に書いている。新平民部落についての議論も残っている。かなり厳しい論調の文章を書く人であった。

一九六〇年代辺りから、大逆事件の再評価とともに、新宮を中心に大石誠之助の名誉回復の運動も起きた。ここ数年の間に、大逆事件に関する数冊の本も出た。高知の四万十市出身の幸徳秋水が、何度か熊野に立ち寄り、さまざまな相談をしていたことも事実である。それが共謀に問われた。一九一〇年十二月十日に公判が始まり、一九一一年一月十八日に判決が出て、一月二十三日には刑の執行が行われている。歴史的に見れば、日露戦争に負けたロシアで、皇帝ニコライ二世の叔父が暗殺されるという事件が一九〇六年に起きており、国家間の覇権を競う時代にあって、国家転覆の危機は国内外で現実のものとなっていた。それに応じて、国家転覆に対しては、より厳格な法整備が進められていた時期である。犯罪のフレームアップと呼ばれる仕組みは、法の設定によってより広範な犯罪を立件できるようにする枠組みのことである。

こうした暴力性に隣接して、熊野周辺には、不気味さ、不吉さというものもある。この地域のシンボルマークは、真っ黒な「八咫烏」であり、参詣道両脇の小店では、大小さまざまな八咫烏の木彫りが売られていた。東洋大学エコ・フィロソフィーの研究助手である岩崎大君は、カラスは良く見ると「カッコイイ」のだそうである。その話を聞いたとき、私は彼を「変態」だと思った。どうも感性が違うようなのである。カラスは知能も高く、場合によっては獰猛であり、腐臭を嗅ぎ付ける臭覚を備えている。だがどうみても守り神のようにはみえない。あの真っ黒さでは、見てくれも悪い。ゴルフ場の芝を剥ぎ、地中の芋虫をほじりだして食べるだけの知能はあるようだが、人間に役立っているようにも見えない。ただ一日に何度か、雲の流れによっては、突如降雨が始まり、短時間で晴れ渡っていくような地形では、こうした八咫烏が、なんらかの気候変化のメルクマールになるのかもしれない。そうだとしてもそれは、カラスがカッコイイということではないのであろう。岩崎大君はそれがカッコ良く見え、カラス料理さえ長野県の片田舎には存在すると、一歩も引かない言動を続けている。ドイツの古いことわざに、「色と趣味については争ってはならない」というのがあるが、その通りなのだと思う。

熊野本宮は、平地の神社である。これだけの低い山並みが続くところにも、偶然のように視界の開ける平らな場所がある。川幅も広い。もともと熊野川、音無川、岩田川の合流する地点であった。奈良から十津川沿いを下る道路と、高野山から下る道路（小辺路）が交差する地点であり、交易の中継地であったのだろう。当初は川幅の広くなった熊野川の中州に、本宮はあった。これが明治二十二年の大水害のあと、現在の高台の位置に移されている。この開けた地は、迷路が解かれ、謎の止む場所である。移動するものにとっては、しばしの休養地であり、保養地である。かつて本宮のあった敷地は、そのまま囲いとなって維持されており、それが山間の地としては異様なほど広大な土地であることもわかる。

こういう場所は、何がありがたいのかわからなくても、どこか「ありがたい」のである。私には、どこを探しても自分のなかには信仰心のようなものはない。それでもこの「ありがたさ」の感触のようなものは感じ取れる。この感じをうまく伝えることは容易ではない。一切の宗教性を交えず、この「ありがたさ」を語ることは容易ではない。宗教性から語ったのでは、物事が焦点化し、話がまとまりすぎてしまう。しかし宗教性と無縁なのでもない。西行に「何事のおはしますをば知らねども／かたじけなさに涙こぼるる」という歌があるが、こういう感じなのである。

明確な宗教性とたんなる休息場とのはっきりとした境目のないひろがりのなかに、熊野本宮がある。近くには、川湯温泉と湯の峰温泉という保養地もある。この開け行く土地に、どの程度の大きさの社殿が釣り合うのかは、よく分からない。ただしこの場所が、多くのものを語らせ、多くのことを実行させてしまうことだけは感じ取れる。平安朝の才女和泉式部に「熊野へまうでけるにさわりにて奉幣かなわざりけるに／晴れやらぬ身の浮雲の棚ひきて／月のさわりとなるぞ悲しき」という歌があり、伏拝王子の跡を示す石碑のとなりに、供養塔もある。だがこれは後世の作り物なのであろう。作り物には伝承がともない、それによって作り物の現実性が形成されるが、作り物でもどこか「ありがたい」のである。

旧本宮跡

　はっきりとした宗教性のなかでの伝説は、「捨て聖」と呼ばれた一遍上人であろう。鎌倉幕府の倒幕計画が発覚して、後鳥羽上皇たちはまたたくまに捕えられてしまう。承久の乱（一二二一年）である。後鳥羽上皇は隠岐に流され、朝廷側についた地方豪族も成敗された。四国の豪族河野氏も朝廷側についたために、一遍の大叔父、叔父も処罰され、幽閉や斬首となった。一遍の父は処罰を免れている。一遍は天台密教、浄土教の修行を行い、また神祇にもつうじており、日々修行に励んでいた。修行には、どこかで転機が来る。一遍の場合、それが熊野との出会いである。

もともと河野氏は、愛媛に拠点を置き瀬戸内海の海上交通を仕切っていた地方豪族であり、有事の際には水軍を組織し、いわゆる海賊であった。平時には、物資の輸送、漁業を行っていた。承久の乱にさいしては、河野氏と熊野別当（熊野水軍）は、ともに朝廷側に付いたのである。それを機に、父河野通広の命により一遍は出家し、智真の僧名を受け、大宰府や肥前清水で修業を積んだが、父の死後しばらく還俗している。

その後智真は信州の善光寺に詣でて参籠し、二河白道図を模写し、それを故郷の庵室にかけて念仏三昧を続けた。そしてやがて家事一切を整理し、所有物をすべて周囲の者に分け与え、故郷をあとにする。そのとき高野山から熊野に入るのである。

一遍は中辺路で一人の僧に出会う。一遍はその層に念仏札を渡そうとする。ところが「一念の信心おこり侍らず、うけば、妄語なるべし」と断られてしまう。このあたりが分岐点となる。一切の経典を信じてなお、信心の起こらない状態に対して、さらに教えを届かせなければならない。信、不信を選ばす、浄、不浄を嫌わず、さらに心を心として届かせなければならないのである。そして本宮証誠殿に百日参籠し、その様が残されたのが、「聖絵」である。こうして時宗が誕生する。

こうした霊感や局面の変化が起こりうる場所として、熊野本宮が機能したというのはそのとおりなのであろう。なにかが起こりそうな雰囲気にあふれているのである。もっともこの感触は、立ち寄り、過ぎ去るものにとっては、随分と異なるものとなる。新宮で育った中上健次も、本宮はただ通り過ぎていくところであった。

本宮の神社が明治二十二年の水害によって流され、熊野川のやや上流の現在の場所に移った、とその本宮に入って初めて知った。その元の神社跡に行ってみる。「明暦丙申立」と裏にある石碑に、「禁殺生穢悪」とあった。神社の中で、殺生や、穢れや、悪を禁ずるとの意味であろうが、紀伊半島の土地土地を経巡る途中の私には、それはことさら眼についた。つまり、楷書でしっかりと書き彫り上げた石碑の筆づかいから、その筆を持って文字を書く人間の、自信とおごりに対する驚きと、反感だった。自然は、八百万の神々はそんなになま易しくはない。自然はもっと生き生きとある。そう思った。神々は一度や二度、打倒されてもなおもぞろぞろと生きながらえてある。自信とおごりとは、つまり堕落のことだろう。本宮という神の場所ではなく、碑に文字を書いた人間、それを建立した者の人為が、この本宮という場所を、閉塞させている、と思った。神の場所とは、貴と賤、浄化と穢れが環流し合って、初めて神の場所として息づく。

(『紀州：木の国・根の国物語』)

文化はいずれにしろ新たな境界を引く装置である。悪や穢れを外に区分し、その内を聖地として区分する仕方は、ごく初歩的なものであり、また単純なものである。その区分がまさに新たな内外の環流を作り出す。聖なるもののなかに魑魅魍魎が出現し、聖なるものが悪として出現し、また聖なるものに帰りゆく。貴と賤の区分が起こり、浄化と穢れが区分され、それが新たな境界と環流を作り出していく。新たに設定された内外区分の落差が大きければ、そこに違和感も生まれ、繰り返し語りの言葉が紡がれる。

本宮は、生活が豊かで、文化にも富んでいた。宮仕えのものたちが多く流れ着いていた。周囲に比べて暮らしやすい所だという印象を受ける。基本的には、山間のなかの不連続点なのである。疲れれば、峠を登り湯の峰に行くことができる。湯の峰は、硫黄泉の温泉であり、この硫黄泉は草津温泉の濃度に匹敵する。神経が底の底まで眠ってくれる。眠りが深くなり、通常眠っていない神経まで眠ってくれる。年齢的にうまく眠れなくなっている私にとっては、ありがたい温泉である。二日目の夜は、「てるてや」という民宿に泊まった。「照て姫」の伝説から採った名前だと民宿の女将さんは言っていた。この民宿はもともと湯の峰に一軒しかない理髪店であり、店主が亡くなって以降、家屋を改造して民宿を始めたという。そこにチェコ人とおぼしき二人連れが、同宿していた。大きなリュックサックをもっているので古道での山越えは難しい。バスで移動するには、外国人には難しい場所である。

一大観光地である草津とは異なり、ゲームセンターのようなものも、ピンク系の飲み屋も、カラオケスナックもない。夏の終わりの時期であったが、朝の空気が透明である。純粋な湯治場に近い。旅館の下駄の感触が、温泉に浸かると変わってくる。硬い木に足の裏を乗せ、下駄の木の反発を感じ取ることができる。浴衣の感触も変わる。顔を触ると、皮膚がつるつるになっていることがわかる。皮膚表面の老廃物が、一挙に押し出されて、流れてしまっている印象なのである。温泉好きには、しばらく逗留したい場所である。三世代ほど前には、温泉好きの田山花袋も泊まっており、それが文章になって残っている。

田山花袋は瀞八丁から本宮を目指して進んでいるが、途中道に迷い、十津川の岸辺に出て、川沿いに本宮に向かっている。雨にも降られ、相当に難儀しているようである。

本宮に来た時には、そのいやな雨がまた降り出した。
それに足が非常に疲れていて、もう歩くに歩けないくらいであった。よほど、本宮に泊ろうかと思った。しかし、三十町行けば、湯の峰温泉があると言うので、せめて温泉にでも暖まって、一夜ゆっくり寝れば、それで疲労も休まるだろうと思って雨にしょぼしょぼ濡れながら歩いて行った。ところが、この三十町が行っても行っても容易にやって来ない。小さな峠を上って下りるとまた一つ峠がある。それをやっとの思いで越して、下にさびしいしかし温泉場らしい湯の峰温泉を発見した時には、私は故郷にでも帰って来たようななつかしさを覚えた。
(『温泉めぐり』)

当時は靴も服装も山越えにふさわしいものではなかった。それに雨にも降られている。そんな状態でとぼとぼと歩いたのだろう。それはそれで厳しい道のりである。昨今は、温泉と言っても掘削技術が発達して、どこにでも温泉を掘りだすことができる。私のうちの近所にも、三か所温泉がある。どれも秩父山系の鉱泉性のもので、のんびり浸かりたい時にはこの温泉、ぐっすり眠りたい時にはこの温泉というように使い分けしている。私の場合、通常眠っていない神経を眠らせるのが目的なので、毎週温泉を活用している。湯の峰や草津の硫黄泉が、神経を休めるにはよいことは、長い間の経験からわかっている。本宮は、湯の峰とセットであり、十分に睡眠が取れた後の新宮は、あふれるほどの光のなかで泰然としている。

熊野の名物の一つが、田辺在住の南方熊楠である。履歴を見る限り、一度も正規の職に就いたことがなさそうである。書くものも大半が書簡であり、個々の問題に対してともかくも尋常ではない執念で調べ上げ、書き残した博物学者である。資料の大半は、熊楠記念館ならびに別棟に残されている。小さな問題にもいちいち主張のある人で、だからといって大きな構想で、自分の世界観を提示するような人ではない。そうした世界観で議論を組み立てないことが熊楠のスタイルである。

そのつどぶつかっている事象に対して、ともかくもその場面で語れることをできるだけ突込みがあるように語ってみる。これの繰り返しであり、事実の細部へのこだわりと、不必要なほどの細かさへと進む勢いが圧倒的特徴となっている。書きながら勢いのついてしまう文章であり、勢いに任せて進んでしまう文章である。そのため残された資料は、むしろ迷路のようになってしまう。あるいはクモの巣状に広がった無作為の線に似ており、遠くの枝まで行ったかと思うと、ごく手前の葉っぱのなかに潜り込んだり、高い枝から垂れ下がったりしている。

どの著作でもよいのだが、ここでは熊楠の主張内容にはかかわらず、事象にぶつかるさいの熊楠の言語的経験の動きのモードについてだけ考察する。『原本翻刻「南方二書」』は当初柳田國男によって自費出版されていたが、柳田による加筆訂正もあることから、元の草稿が復刻されたものである。日露戦争後の一九〇六年（明治三十九年）六月に出された勅令第二二〇号「神社寺院仏堂合併跡地ノ譲渡ニ関スル件」によって、各地で一村一社に神社を統廃合する動きが起きて、さまざまな波紋が生じた。行政的には、日露戦争後の地方行政の統合整理施策だが、それに便乗して、神社の木を伐採して売り払い、また利権を巧みに利用して、利益を出そうとするものが出るのはやむないことである。これに熊楠が公然と反対し始めるのは、明治四十二年頃であり、地元紙に「神社合祀」反対の意見を発表し、翌四十三年九月には県吏田村某に面会しようとして乱暴狼藉を働いた廉で、十八日間警察に拘留されている。明治四十四年に植物学者松村任三宛に書簡を送り、現状の告発を訴えたのがこの書簡である。熊楠の意向は、神社統合にともなう無作為な森林伐採によって、多くの動植物が死滅していることを危惧したものだが、三年におよぶ熊楠の反対運動は功を奏したようには見えない。ただし書き残されたものは別であり、熊楠の資質が良く出てもいる。全体として圧倒的な饒舌なのである。書簡ではあるが、他人に何かを言い伝え

南方熊楠顕彰館

るという文章ではない。この書簡を送られた側も、何かを伝えようとしていることはわかるが、総体として何を訴えているのかがよくわからない。文章全体に漢文調の名調子が残っており、調子が上がると言語のリズムだけで書き進めてしまうようなところが多々ある。

然るにこれも俗吏等むちゃくちゃに、神社の威厳を持つには神林を掃除すべしと厳命し、さらでなに落枝、枯葉を盗み焚料としたき愚夫共、得たりかしこし官の御諚なりとて、神林といふ神林へは悉く押しかけ、落葉をかき取り、土を減らし、又小き鋸を持行き少々づつ樹木を挽き傷け、扨枯木となれかかると忽ち枯損の徴ありとて之を伐り去るなり。

この文章を何度か音にして読んでみればわかるのだが、どうみても現代で言う講談調であり、耳で聞いたときの勢いの心地よさで読ませてしまうような文章である。少なくとも森林の伐採の現状を精確に伝えるのに、ふさわしい文章ではない。そして全編こうした文章で書ききってしまうのである。

描かれた事柄に、重要性のレベル分けがほとんどなく、小さな問題も大きな問題も、ひとしなみに並置されている。それどころか現代的に言えば、たんなる週刊誌ネタのような話から、それなりに重要な事柄まで、ほとんど区別なく並んでいる。これが博物学だと言えばそうなのだが、その場合でもリンネ以前の無作為に何でも集めてくる博物学の時代の特徴を帯びている。しかもこの週刊誌ネタのような話が、事実かどうか確かめようがないが、どうにも面白おかしく書いてある。つまり実名入りのガセネタのような書き方なのである。熊楠の書いた地方誌（新聞）の記事を見ても、過度に面白おかしく書いてしまう傾向がはっきりと出ている。

此等の大社七つ斗りを、例の一村一社の制に基き、松本神社とて大字磐田の村役場のぢき向ひなる小社、もとは炭焼き男の庭中の鎮守祠たりしものを男の姓を採りて松本神社と名け、それえ合祀し、跡のシヒの木林を濫伐して村長、村吏等が私利をとらんと計り、岡大字七十八戸斗りの内村長の縁者二戸の外悉く不同意なるにも関せず、基本金五百円より追い追い値上げして二千五百円迄積上げたるを、態と役場で障へ止めて其筋へ告げず、五千円迄上がりし際村民に迫り絶対（体）絶命に合祀せしめんとするに、其村に盲人あり、此事をかなしみ、小生方へ二、三度云ひ訴へ来る。

どうにも劇画タッチで書き過ぎており、こうした行分が植物種の維持を訴える当時の東大教授への私信のなかにかなりの頻度で含まれてしまっている。正直に言えば、受け取った側も困る内容である。

政策レベルの議論と現地で実際に起きてしまうことには、大きな隔たりがある。現地で起きることには、それなりに経済的動向がはっきりと出る。そこには利に敏いものもあれば、それに対応するものもある。またそれに反対するものもある。その狭間で、多くの植物が失われるのであれば、植物学者であれば、別の場所への植え替え保存がただちに浮かぶ手段である。ところが熊楠は、そうした対応ではなく、木を切る現場に行き、実力行使で伐採を止めようとする行動をとっている。多くの場合、筋違いの行動である。ある意味で狂気じみたスタンドプレーである。そして熊楠がそれを行うと、どうやらぴったりとイメージが合うのである。

森林を伐採してしまえば、そこに生息する多くの生物が失われるのは事実である。だからと言って、植え替え保存の手段がないわけではない。熊野のような亜熱帯性の気候では、変種が生まれやすいのも事実であり、森林のわずかの条件を変えれば、そうした変種がことごとく失われてしまう可能性はある。そしてひとたび失われれば、簡単に回復できないことも事実である。そういうときには、保存林を確保するのが通常の手段であり、実際にそれなりに確保も出来ている。

書簡の文面を見る限り、植物や生態系の保存を一切考慮せず、ただひたすら木を伐り出すものたちへの思いの伝わらなさの思い余った部分が文章に溢れている。しかしこの文章で他人に明確な事実と意向を伝えることは難しい。伝えることよりも、何か思いの丈を書き出した文章である。もちろんそこには熊楠の該博な知識が盛り込まれてはいる。しかし事柄の整理や論理と言えるほどのものが見えない。文書を書きながら思い浮かんだことを次々と書き出していくスタイルに近い。機能的に有効になるように書き綴った文章ではなく、むしろ機能化する以前に留まり続けるスタイルである。そのため迷路のような記述にならざるをえない。そして熊楠はそうした記述を、莫大な書簡で繰り返したのである。

参考文献

石川淳『新釈古事記』(ちくま文庫、一九九一年)
熊野路編さん委員会編『熊野中辺路　古道と王子社』(くまの文庫4、熊野中辺路刊行会、一九七三年)
熊野路編さん委員会編/中瀬喜陽(執筆)『熊野中辺路　詩歌』(くまの文庫7、熊野中辺路刊行会、一九七五年)
熊野路編さん委員会編『熊野中辺路　子ども風土記』(くまの文庫9、熊野中辺路刊行会、一九七九年)
熊野路編さん委員会編『熊野中辺路　歴史と風土』(くまの文庫別巻、熊野中辺路刊行会、一九九一年)
熊野新聞社編『大逆事件と大石誠之助:熊野100年の目覚め』(現代書館、二〇一一年)
田中伸尚『大逆事件:死と生の群像』(岩波書店、二〇一〇年)
田山花袋『温泉めぐり』(岩波文庫、二〇〇七年)
辻本雄一『熊野・新宮の「大逆事件」前後:大石誠之助の言論とその周辺』(論創社、二〇一四年)
中上健次『紀州:木の国・根の国物語』(角川文庫、二〇〇九年)
長島尚道他『一遍読み解き事典』(柏書房、二〇一四年)
益田勝実編『南方熊楠随筆集』(ちくま学芸文庫、一九九四年)
南方熊楠顕彰会編『南方熊楠:世界を駆けた博物学者』(南方熊楠顕彰会、二〇〇六年)
南方熊楠顕彰会学術部編『原本翻刻「南方二書」:松村任三宛南方熊楠原書簡』(南方熊楠顕彰会、二〇〇六年)

3－3
チバニアン

Chibanian

千葉　二〇一六年六月

千葉県房総半島の中腹に、高滝湖がある。この湖から、房総半島最大の河川、養老川が流れ出ている。高滝湖は人工的に作られたダム湖である。房総半島の高台に位置しており、もともとは山間のくぼみだった。大雨が降れば、下流で何度も氾濫を繰り返してきた。そこでこの山間のくぼみを深く掘り下げて、ダムにしたのである。総工費四百億円弱であり、百十個の家屋が湖底に沈んだ。平成二年に完成している。湖畔には高滝神社がある。それほど大きな神社ではないが、築年数はかなりのものがある。境内へ通じる階段は、かつては湖底まで続いていたようであるが、現在はダムの水位が上がり、ごくわずかの階段が残るだけである。七合目から登山を開始するという印象である。境内には多くの願い事にあふれた絵馬がかかっている。開運、安全祈願の神社である。

千葉県の水利は、もっぱら利根川水系に依存している。飲料水も工業用水も、基本的には利根川から水を引いている。ところが京葉工業地帯が作られ、そこの人口が増えると、利根川水系から運河で水を引いてくることもできない。工業地帯は、東京湾に面している。そこで養老川の水量を一定にして、活用することにしたようである。水量を一定にするためには、河川の出発点の水量を十分確保しておかなければならない。それが高滝湖という人工のダムである。

中央には、立派な橋が湖全体を二分するようにかかっている。橋から見て眼下にモニュメントが設置されている。訪問した日には、ぱらぱらと見えるほどの釣り人がいた。鮎を釣っているのだろうか。このダムの水は淀んではいない。周囲の山から水が流れ込み、恒常的に流れ出している。湖岸周辺は比較的平坦なので、貸自転車が置いてあった。晴れた日にサイクリングを楽しむ人が多いのだろう。

養老川の岸壁は、硬い火成岩を基調としたしっかりした堆積層ができている。少し下流に行くと絶壁が続き、養老渓谷と呼ばれる水と岩と緑の地帯が続く。その一部に温泉が湧く。養老温泉はさまざまなタイプの温泉が湧く。黒ずんだ温泉は、ヨード泉である。ヨード泉の温度は低く、施設で追い炊きをして温度調整している。ヨード泉周辺も多くの旅館が立っていたようだが、いくつもの温泉が廃業し、あばら家がそのまま残っている。

川沿いの部屋から水流が見えるほどの旅館は、多くの訪問客で賑わっている。それらの旅館は、水流のすぐわきに露天風呂を設置しており、透明な鉱泉で、浸かれば皮膚に染み入るほどの濃度である。温泉は、塩濃度が皮膚表面の細胞の塩濃度よりも高いために、自動的に温泉の成分が皮膚に入り込んでしまう仕組みであり、皮膚から微小老廃物を含んだ水分が周囲に出ていく。しかも温泉に浸かった後は、ぐっすりと眠ることができるので、神経系をリラックスさせているはずである。個人的な印象では、硫黄分を含んだ温泉はとてもよく眠ることができる。熟睡の仕組みはよくわからない。

イタリアの温泉は、便秘気味の人が多く訪れていた。鉱泉を飲み休んでいると、やがて溜まりきった食物の残骸が体外に出てくる。そのため温泉ホテルの廊下にもトイレが設置してあった。これに比べるとドイツの保養地バーデンバーデンは、ネクタイを締め正装していくほどの敷居の高さであった。事前に医師に温泉治療の処方箋を出してもらいそれを示して、温泉治療を行うということであった。ドイツには地中の岩塩が高濃度のまま噴き出すようなところがあり、そこが保養施設になっていて、バード（バス）という地名が付くことが多く、フランクフルトの北のバートホンブルクもその一つである。ドストエフスキーが執筆を終えるとしばしば訪問し、ギャンブルで大負けをした、という話が残っている。

養老渓谷の周辺は、比較的塩濃度が高く、安定した鉱泉を提供し続けており、地震も少なく地層も維持されている。川縁の地層は粘土質で、つるつると滑るように剥き出しになっており、雨も水流も滑り落ちるように流れていく。訪問客のカップルの一人が足を取られて転びそうになり、傍らの男性がそれを支えようとして共に転びそうになった。

この地層の一部で磁気の測定が行われた。そこで地磁気のNとSが数十万年単位で反転していた痕跡がはっきりと見つかったのである。地層がはっきりと区分できて、容易に崩れないことが必要条件で、各地層に年代測定を行いながら、磁力を計るのである。地質年代とともに磁気の逆転がはっきりと確認できるのは、現時点ではイタリアとこの千葉の養老渓谷である。テレビでもニュースとなり、ひと時話題となった。その理由は、地質年代の命名法にもある。地質年度を明確に特定でき、証拠となる地層の見つかった地区名は、そのまま地質年代の国際表記に使われてきた。そこにチバニアン（Chibanian）という候補名を提起することができるようになり、センセーショナルな話題となったのである。

新生代第四期は、二百五十八万年前に始まる。これはさらに更新世と完新世に区分される。更新世は、さらに古い順から前期、中期、後期に区分され、このうちの前期はジェラシアン時代とカラブリアン時代に区分されている。しかしカラブリアン時代がいつ終わるのかは、国際的には、まだ決定できていない。また更新世中期の国際的な命名がまだない。そこでイタリアのカラブリアン時代の終わりと中期のはじまりを、チバニアン（千葉時代）という名前で呼ぼうという提案がなされたのである。

これらは現象そのものが人間から見て大きすぎて、人間の感性や生活感情に引き付けて捉えることができない。あまりにも大きな事象である。そうしたときには名前が実質を超えて重要性をもってしまう。ただしこうした動向は、養老渓谷と養老温泉にとっては、またとない隠し味になった。

房総半島は、海に近いために海の幸に恵まれている。小さな山が続くので、起伏も多い。こんな地域には、職人気質の人たちがいるものである。職人の技術では、小さな工夫が大きな変化をもたらすような特質を備えていることがある。こだわりをもってコツコツと作業を続けて、そこから大発見が生じることがある。考え方を変える、見方をかえるというようなことは、理論構想の中で出現することである。そうしたやり方に対して、職人は一つ一つの事実の周辺に細かい注意を向け、周辺の条件を少しずらし、変化をあたえて何が出現してくるかを確認するのである。

地磁気の逆転そのものは、かなり以前から知られていた。地層や岩石が剥き出しのところは、

養老渓谷

養老渓谷の地磁気測定跡

地質年代がそのまま露呈されているので、地質学者の興味を引いた。兵庫県の日本海側に、豊岡市がある。豊岡の駅から車で十分程度のところに「玄武洞」がある。そこをさらに海岸沿いまで行けば、城崎である。火山活動で流れ出た岩石が剥き出しになっていて、岩の洗い場のようである。百六十万年ほど前の火山活動で地表に岩石が露呈し、雨に洗われて剥き出しになった。洞窟のようになっているのは、人間が岩石の一部を断続的に持ち帰ったからである。玄武洞という地名は、江戸時代の文化時代に儒者柴野栗山によって名付けられたもので、そこに夥しく積みあがった岩石が、そのまま地名から命名されて「玄武岩」と呼ばれるようになった。後に京都大学の松山基範博士が、これらの岩石の磁性を測定して、通常の磁性とは逆向きであることを見出し、地球の地磁気が逆転しているのではないかという説を立てた。そして大まかな時代測定も行っている。

地球全体が大きな磁石であるという説は、ギルバートの『磁石論』(一六〇〇年)によって立てられている。「実験哲学」の典型的な著作であり、本人はいたるところで実験的な吟味が自身の重要な特質であると強調している。ただし地球全体が一つの磁石であるというようなマクロな内容を直接調べることのできる実験を組み立てることは容易ではない。実際には理論仮説をもちながら、類比的に実験を組み立てていくという手続きにならざるをえない。逆にここでの実験は、高度な理論を実験事実で裏付けしたり、検証したりするものでもない。つまり理論が先か、実験が先かというようなことを競うようなものではなく、実際にはほとんどの科学的探究では理論か実験かを競うような配置にはなっていない。長らく科学哲学では、理論仮説を立てて、それによって現実に網を被せるように実験の場面を設定し、実験によって理論を確認していくというような説明がなされてきたが、それは事態を教科書的に単純化したものでもある。

実験を行うにあたって、なんらかの理論仮説は必要である。実験をつうじて理論仮説は、さらに部分的に訂正されたり、それまで考慮に入れていなかった側面が見えてきたり、新たな問題点が見えてきたりする。場合によっては、理論仮説がまったく別の意味をもっていたというようなことがわかることもある。理論仮説と実験は、相互に包含関係にはなく、並行する異なる知識ネットワークの間の展開可能性の仕組みであり、展開可能性を見いだせない実験は、一つの事実の指摘にとどまってしまう。理論か実験かという対置に代えて、第一に「展開可能性」がどこで実現され、実行されたのかが基本となる。さらに第二に「潜在的な展開可能性の度合い」がどの程度のものであったのかが知のネットワークの成否を決めていく。ここでは新たな問いがどの程度見えてきたか

玄武洞

が重要な要素である。

ギルバートの『磁石論』は、試行錯誤からなる。その意味で幾何学の証明のようにはなってはいない。さすがに読みにくい。そこで示されたもっとも大きな実験は、球状の磁気体（テレラ）を作って、それを地球に見立てて、小さな磁石をその球形磁石に押し当てて、磁石が方向を変えることを確認していることである。これは模擬実験にとどまっている。あるいは地球を視覚的にモデル化して、類比的な事実を人工的に作り出そうとしている。ここでの立論は理論的な整合性を追求したり、事実を一つ一つ積み上げているのではないが、さまざまなタイプの着想を、ただ着想にとどまるアイディアから、かなり確定した事例を含んで論述しているような構想まで、幅広く提示しているのである。

たとえば静電気と磁気の区別が明確にできており、間に物を挟むとほとんど機能しなくなる静電気と、間に物を挟んでもそれを通り越して働く磁気とは原理的に異なることが明らかにされている。これによってはじめて、磁気と電気が基本的に異なる事象であることが明らかになった。また磁力は、重力と異なり、物体に「本有的な性質」ではなく、物体間で起動する固有の運動であることが述べられている。物体によってはまったく起動しないこともあれば、逆に敏感に反応し、物体を磁化するような運動であることが示されている。この運動が、物体間の「接合」だと述べられている。また磁針が特定の向きを向く定軸性、偏角（子午線からのズレ）、伏角（水平面から下方向へのズレ）、さらには円運動が、運動のモードとして分析されている。これらの五つの運動のモードの違いは、地磁気の異なる側面にかかわっており、こうした運動のモードの違いが明確になることで、事象に対しての変数がどこにあるかがはっきりしてきたのである。

地磁気は、地球全体にも働きかけるはずであるから、たとえ地磁気の軸が自転軸からズレても地磁気に引き戻されて矯正されてしまう。実際、「地球の自転」は、地磁気によって引き起こされている、とギルバートは考えている節がある。地球全体の本性は、彼の考える地磁気がもっとも基本的な要因となって形成される。そのため地球の自転は地磁気によってもたらされたと考えても、むしろ当然であることになる。こうした着想は、現在の科学の知見では誤っているために、多くの場合ギルバートの議論総体から見て見ぬふりをするように落とされてきた（勝利者史観）。またこうした思想は逆にギルバートによる自転の原理の内在性という思想史的分類を強調することで、「魔術的自然学」だとも形容されてきた（コンテキスト解釈史観）。トーマス・クーン以来の「革命史観」が強調したものである。この方向では、地球に対する思想的な思いをアリストテレスから変えていくことにはなっており、アニミズム的な原理として地磁気が捉えられていることになる。

だがここでの基本的な問いは、むしろ内在的原理に訴える構想がなぜ展開可能性が欠落してしまうのかである。どのような思い込みで発案されたものであろうと、地球が総体として磁性体であるということは途方もない大発見であることは間違いない。とすると初発の思い込みとそこから繰り出された構想は、事柄として相互に独立であり、また独立に展開しうるということになる。そのとき初発の思いと展開プロセスの分離を引き起こして、展開可能性を維持しているのは、どのようなプログラムだったのかが問われる。個々人の構想は、再編され、ときとして自己組織的に組み替えられていくプログラムなのであり、その輪郭を描くためには、もう少し工夫が必要なようである。こうした試みを「システム的アプローチ」と呼んでおく。これは勝利者史観に見られるように、科学のプログラムは正しい知見を蓄積していくという考えではなく、科学的知識とは比較的緩やかなネットワークが、総体の内実を組み替えながら形成されていくという点に力点を置いている。また革命史観に見られるように、理論構想はそれとして確固とした枠組みを形成し、それぞれは独立であるという主張に対しては、それぞれのアイディアも概念も、組み替え可能であり、意味も変更を伴い、キータームの新たな意味を形成し、断続的に動き続けるプログラムとなるとする点に力点がある。概念の意味論的切断は、革命的な知の形成の不連続性を強調する一つの作為であった。

なぜ地球が、磁化しているのか。これについても現在でも多くのことは不明なままである。地球全体の外側の地殻の下に、マントルが流動している。マントルの移動によって大陸が別れたり、移動してぶつかったりしている。インド亜大陸は、かつて赤道付近にあったが、マントルの移動に乗ってユーラシア大陸のほうに進み、ぶつかってヒマラヤ山脈を作り上げた。それはいまでも続いており、ヒマラヤは年間数センチ単位で、最高地点が盛り上がり続けている。

こうした山脈や大陸の形成に関与するマントルのさらに地球の内部には、内部の硬い芯となっている内核と流動する物資を含む外核に分けられる。外核には高温で溶けた鉄が大量に含まれている。温度も五千度程度が想定されており、太陽表面の温度と同程度のようである。この熱エネルギーが外核の物質を流動させている。これだけの高温であれば、内核と外核の間の温度勾配が大きく、浮力がついている。外核内の硫化鉄や酸化鉄は、温度勾配にそって外核の上方に移動していく。また地球の自転が外核の流動性物質の移動を引き起こす。つまり熱対流と温度差による浮力と地球の自転によって外核の流動性物質は、強い運動を行っていると考えられる。流動する物質が熱の効果で電荷を帯びており、それが移動すれば電流となる。電流が発生すれば、同時に磁場が発生する。理屈ではそうなのだが、細かな磁場の発生はほとんど不明である。双極性の磁場が発生し、物質の一部を磁化すれば、それは物質の「記憶」となる。科学的には物質は磁性を記録する、と言われる。それが堆積するようにして、同方向の双極磁化された物質が積み上がり、地球総体に双極性の磁性が形成されるのであろう。

問題は、地磁気の逆転がどのようにして起きるのかである。極性の強さにも周期性があり、強くN、Sに分極している場面から、分極が弱くなり、再度また強く分岐するように周期性があるのではないかと考えられている。この周期性は、一万年単位程度の間隔で強弱を繰り返しているようである。一八六〇年代の記録との比較で、現在は一〇%程度磁力が弱まっていることが知られている。単純に考えれば、外核での物質の流動が弱まり、電流が弱くなったと考えることになる。分極性が弱くなった時期が終わり、再度分極性が強まり始めた時に、N、Sがどちらに向いていくかが決まるようである。すでに磁化された物質が残っているはずであるから、再度双極磁場が強くなりなじめた時には、既存の磁性体を巻き込みそれに沿うように双極磁場が出現することがほとんどだと考えられるので、この場合には地球磁力は逆転せず、ほとんどの場合、また元の双極性に戻っている。ところがここ四百万年ほどで十一回も地磁気は逆転し、最近では七十八万年前に地磁気の逆転が起きている。

この逆転の周期は、初期のころが短く、最近の逆転の周期が最も長い。養老渓谷のデータから逆転そのものに要した年数は、三百年ほどだと計算されており、驚くような速度で地磁気逆転が進行したことがわかる。地磁気逆転を最も簡単に理由付けすると、外核の電荷物質の流れが逆流し、電気が逆向きに流れたと考えるのが簡便である。ただし四百万年の間の十一回の逆転が、「同じ理由」で起きたと考える必要もなく、複合的で入り組んだ要因が関与していたと思われる。双極性磁力がいったん弱まって再度強くなるさいには、さまざまな向きの磁力が発生しており、それが逆向きに統合されていったと想定しておくことが望ましいと思われる。今後のデータで多くのことがわかる時期がきっとあるに違いない。地磁気の探求方法は、現在では人工衛星からの観測と、コンピュータシミュレーションで行われている。それによると外核には、小規模な磁場の塊が、断続的に発生しては消えているようで、しかも地球内部のさまざまな場所に発生している。どのような事象が、決定要因になるというわけではないが、地磁気逆転の自己組織化のための変数が少しずつ見えてきている段階だと思われる。

参考文献

網川秀夫『地磁気逆転X年』(岩波ジュニア新書、二〇〇二年)
W・ギルバート『磁石(および電気)論 新版』(板倉聖宣訳、仮説社、二〇〇八年)
G・A・グラッツマイヤー/P・オルソン「地磁気反転の謎に迫る 見えてきた内部磁場の動き」(『日経サイエンス』二〇〇五年七月号、十八―二十六頁)
高橋典嗣『46億年の地球史図鑑』(KKベストセラーズ、二〇一四年)
山崎俊嗣「地磁気の逆転」(『地質ニュース』二〇〇五年十一月号、四十五―四十八頁)
山本義隆『磁力と重力の発見』(全三巻、みすず書房、二〇〇三年)

第4章

フクシマ・ランドマーク

Fukushima Landmark

4 − 1

現実性と希望の輪郭

Reality and Hope

フクシマ①　二〇一一年九月

何度も立ち上がらなければならないときがある。ほとんど何もなしえていなくても、そのつど立ち上がる以外の選択がないときがある。立ち上がることの反復が、きっとなにかをもたらすはずだと願う以外の仕方が見つからないときがある。立ち上がってもほとんど何も変わらないだろうと予期しながら、それでもなお立ち上がることに賭けねばならないときがある。だが少しずつ瓦礫は片付き、ライフラインは復旧する。計画停電に怯えるのは首都圏だけで、ようやく電力が戻ってきた地域は、たとえそれが復旧であっても、なにか新たなリスタートである。

だが何度立ち上げても、そのつど停止する事態がある。冷却水に含まれる放射性の物質を取り除くための装置は、起動してはそのたびに停止する。高濃度すぎる汚染水によって浄化装置が対応できなくなり停止する。配管に漏れがあり、また停止する。流速によって物理的に汚染水が進めなくなり、配管の折れ曲がりの角でまた停止する。こうして立ち上げても、前進しているのか、後退しているのかほとんど判別できないことがある。そのつどの停止に、「またか」

とはもはや思わない。「そうですか」と聞き流すだけになる。放射性物質を減らすために建屋を大掛かりな建造物で覆うという。大規模な建築設定が実行に移されても、やがて漏れが生じるだろうというのが、漠然とした正直な感触である。

こうした心の状態を規定しているのは、「無視」(ネグレクト)である。身体行為にともなう認知的な制約の基本は、無視である。認知そのもののコスト削減や脳神経系への負担を軽減するために、おのずと働いているのがこの無視である。脳に軽微の損傷が起きた場合にも、意識の自己維持の負担を減らすために、左半分の視野や世界を無視することがある。こうした無視はおのずと起こり、そこには意識の努力は見られない。そのため欠損だと見られがちだが、実は意識の自己維持のための積極的な無視であることが多い。世界のある事実や事態におのずと注意を向けないですますのである。これは特定のモードの感情が再起動しないために行う「抑制」や「抑圧」ではない。抑制や抑圧は、意識の管理下で行われる不快を避けるための必死の努力である。そのため意識そのものに負荷をかけて、いわば見たくないものを見なくてすむようにしている。たとえば亡くした親族への思いから逃れるために、自分自身の感情の起伏にさえ気に留めないようにする場面では、すでに情感に抑制が働いている。こうした抑制とは異なる。またこれは非注意でもない。見れば多くの対応や配慮を要求される場面では、半ば意図的に気づかなかったことにする非注意が働く。部屋の扉の脇に置かれていた花瓶に気づかなかったことがある。部屋へ入ることの緊張感やその後の対応への集中から、半ば意図して気づかないことが非注意である。

無視は、これらとは異なる。それぞれの体験的生と身体動作にとって、余分だと思われるものを無視し、本人の脳にとってノイズにしか感じられないものをおのずと無視する。足の裏の触覚性感覚を思い起こしてみればよい。多くの感覚を無視することによって、はじめて自然な歩行が成立する。だがこの無視は、他面、有効なものと無効なものとの選択を見過ごし、少々の失敗や過失にも反応しなくなり、現実性の変容をまるでそれがないかのように見過ごしていく。この無視に対応するのが、遂行的注意という実践能力であり、まさにこの注意が向くことによって現実が初めて成立する。近所の商店街で四週間も前に閉店していた商店に気づかないことがある。この注意が向かないことで、閉店という現実が四週間もの間成立していなかったのである。

無視は、実践的行為における現実性の成立にかかわる能力であり、過酷な労働環境では、本人が無視したことに気づかず、おのずと無視が起きてしまう。当初は指摘されても、自分の無視には気づくことができない。病態失認のように現実性の失認が起きる日常の生のなかでは有効に機能する無視がクリティカルな場面では致命的なミスとなることもある。そしてこうしたことが広範に起きるのである。おそらく世界有数の原発の技術水準を備えながら、しかも細かな配慮と注意を向けることのできる能力を持ちながら、繰り返し起きる修復のミスは、こうした無視が起きていると考えた方がよい。この場合、実際の機器や設備の設定は、複数の人が確認、対応するようにした方がよい。失敗して二度手間を行うよりは、複数の人の注意を活用するのである。場合によっては、二倍の人数が放射線に曝されることになるかもしれない。だがそのための対応さえしておけば、無視による見落しの失敗には気づけるはずである。

他方、避難住民たちの感性も、無視によって鈍麻してくる。繰り返しの失敗にも大きく反応しなくなる。いつか元の住宅街に帰れるという希望を捨てるわけではないが、そのつどそれを先送りし、希望の度合いを縮小することで、日常の避難生活を反復するのである。こうした無視は、自分自身の健康への配慮も鈍麻したものにしてしまう。現実が過酷であればある程、無視は広範に及ぶ。

こんなときには、わずかでも何かが変わりつづけることが必要となる。変わりつづける現実に注意を向けるような感性が喚起される必要がある。プロセスは、つねにわずかずつでも変化を含まなければならない。一般に復興にさいしては、迅速でスピード感のある対応ということが言われるが、救済や復興は早い方がよいに決まっている。それ以上に何か現実が変わり続けているという感触が必要なのである。希望を持ちつづけることは、論理的にはいつでも可能である。だが希望はつねに形式化し、形骸化する。希望の内実が変化し、きめ細かくなり、希望の輪郭が漠然とした思いからくっきりとした現実感をもつように変わっていく必要がある。かりにはっきりと何かが変わり始めたときには、そのプロセスのさなかでは、少々のミスは含み込んで、前に進むことができる。そのときミスはもはやミスではなくなる。こうした現実のさなかで、個々人の創意や工夫やアイディアははじめて出やすくなるのである。

東日本大震災で、奇妙な感じに襲われることがある。いまだ八千名ほどの方々が行方不明なのである。阪神・淡路大震災での死者は、六千四百人である。それを上回る人数が、いまだ行方不明である。多くの人は、引潮によって瓦礫とともに海に流され、もはや捜索不可能になっている可能性が高い。もちろん少数は、いまだ陸上の瓦礫の下の土壌のなかにいるのかもしれない。いわば死者の地層の上に立って、海陸の復旧、復興がなされるよりない。「生きているだけで儲けもの」というのは、被災直後の悲惨さを別様に言い換えるための方便であり、無理にそう語っている場面がある。家をなくし、田畑を失い、一切のライフラインが断ちきられたとき、手にできるのは自分の命と身体とごくわずかの衣類である。こうした言葉は、他に選択肢のない否応のなさの表現でもある。だが自分の命だけは確保できるメドが立ったとき、死者たちへの思い、とりわけ行方不明者というどこまでも宙吊りとなった死者たちへの思いがよぎる。行方不明者への思いは、持って行き先のない思いである。

交通事故で事故現場がはっきりしている場合には、月命日にそこに花を手向けに行くことができる。飛行機が墜落すれば、現場に慰霊碑を建てることができる。ニューヨークの国際貿易センタービルの跡地も、メモリアル・パークとなっている。心や意識は、本性上世界へと開かれ過ぎている以上、みずからをどこかにもっていく先を必要としている。その向かう仕組みを「志向性」だとも呼んでいる。だが行方不明者には、死の現場という場所がないのである。死後、あらかじめ特定の行き先があるというのは、なんらかの信仰を必要とする。だがそれ以外の場合には、心はみずからの持って行き先を必要とする。

瓦礫の下には、海水に浸かり、当分の間稲作のできない水田がある。水田の下には、水田へと作り変えられたことによって死滅した、多くの藻類、裸子植物、被子植物、昆虫そして両生類の死骸がある。多くの犠牲の上に立って、人間の生活は成り立っている。それはその通りである。だからといって、行方不明者への思いの持って行き先ができるわけではなく、思いが軽くなるわけでもない。

自然災害では、一般に心の持って行き先がない。雨が雨だから降るのと同様、プレートはプレートだから動いたに過ぎない。瓦礫は瓦礫だから積み上がっているだけである。もちろん大気は一様に流れてはいない。そのため遠く離れた場所に放射性物質濃度の高いホットスポットがおのずといくつもできる。時として、それらは人間の恵みになることもあれば、人間そのものを測定誤差のように消し去ることもある。ここには責任や原因を問えるような対象がない。人災部分には、それにかかわる人たちの責任がある。そのため責任の追及ばかりが過度に語られ、対応が後手に回ることもある。そして被災者の側には、いつも解消できないほどの大きな後悔が残り、それがみずからの過去となる。早く高台に逃れようと一声かけておけばよかった、忘れ物を取りに帰ることを何がなんでも止めなければならなかった、等々である。こうしてすべては手遅れになってはじめて、物語として語られる。

だが未来へと一歩踏み出すことはできる。未来への物語を、大きな物語（予言）とは異なるかたちで語ることはできる。そこに行方不明者を参加させることはできる。この場にいたらあの人はどう言っただろうというかたちで、イメージのなかで参加させることはできる。イメージは現実の行為の予期となり、現実の行為に多くの手掛かりをあたえる。みずからの過去を裁くのではなく、ささやかであっても未来へと向けて小さな物語を紡ぎ続けるのである。裁きの物語は、みずからを縮小する。それは過去に区切りをつけるためのやむない縮小であるのかもしれない。だがイメージを含む未来の現実は、いつでも紡ぎ続けることができるのである。

隣人や同胞が自然災害によって不幸に見舞われたとき、多くの者にとっては共有すべきものがない。この共有できなさが自然災害の特質である。わずかばかりの寄附をすることはできる。現地に足を運び、三泊四日で瓦礫の後片付けと掃除の手伝いをすることもできる。それ以上にただちにできることは、我慢することである。自分自身に負荷をかけることである。電力の消費量を減らし、昼間の暑さに耐えることで、気持ちとして不幸に見舞われたものへのささやかな思いを届けようとするのである。そこには自然災害による痛手（ハンデ）に対して、みずからに痛手（ハンデ）をあたえて、わずかなりとも釣り合わせるという心理がある。優しさとも思い遣りともいたたまれなさとも負い目とも区別のつきにくい心情である。それはどこか一切の対応手段を失ったときの祈り（あるいは呪い）に似ている。だがこの心理は合理的なものではなく、ハンデの共有、不幸の共有というやむをえなさの表現でもある。熱中症になるほど我慢したのでは、別の問題を引き起こすだけになってしまう。実際、それ以外の選択肢はありそうである。時間が許す限り、繰り返しボランティアに入り、人手の足りない医療施設で手伝うこともできる。ささやかな寄附を続けることもできる。現地に入って紙芝居で子供たちを勇気づけることもできる。ハンデの共有という心情には、みずから自身への負荷というかたちで選択肢を狭くする回路ができあがっている。自然災害の犠牲者に対して、自己犠牲によってわずかなりともどこかで釣り合いが取れるという思いである。そしてこれは簡単には解除できそうにないし、解除すべきことなのかどうかもわからない。

忍耐が美徳であり、有効な社会的対処法である局面はあるに違いない。戦後の日本の復興期がそうであったのかもしれない。足らないものをやりくりし、やりくりできない場合には忍耐という乗り切り方も必要であったに違いない。それと同様に、それぞれの人間が今できることを全力で行うという「窮余の全力」という美徳もある。他に手がなければ、自分自身の仕事を全力で行うという選択肢しか残されていないことがある。そしてこのときこそみずからに隙間を開いて、少し考えてみることも必要だと思われる。

バブルがはじけ、日本が停滞期に入った一九九〇年代半ばに、日本社会に内在化している社会主義的体制の由来を明らかにする考察が続いたことがある。国民健康保険のような、国民がほぼ全員加入することのできる世界でも稀な保険制度は、戦時体制を支えるためのいわゆる「国家総動員体制」の一環として成立し、それが戦後も維持されたままになって、制度疲労の限界点まで来たというのが、当時の言い分であった。一般に「一九四〇年体制」と呼ばれる議論である。成熟した社会では、こうした体制を転換しなければならない、という多くの立論があった。こうした立論が、有効に機能したのかどうかはわからない。だが戦時中に成立した国家総動員体制が、戦後にも制度として残り続けたおかげで、戦後の日本の急速な復興があった、というのも歴史の事実である。復興のためには、国家が総力をあげた方がよく、個々人はそれぞれ全力で事態に当たった方がよい。それは事実である。だが被災地の生活の復旧、減災は可能な限り速やかに行われるべきものだが、復興総体はよりスパンの長い国造りの一環であるようなデザインが必要だと思われる。

復興には、スパンの異なる二つの課題がある。そしてそれは復興のあらゆる面にかかわっている。生活の立て直しにかかわる迅速な対応と、長期的な街づくりのデザインであり、放射性物質の厳密な封鎖と、エネルギー政策をどのようにデザインするか、あるいは当座の医療スタッフの手当てと地域医療充実のデザインをどうするのかというような二重の課題がそこにはある。前者は、一切のテクニカルな対応能力の総力を挙げて、日々前進していかなければならない。寄附金の配分を、法の下での公正さが確保されるまで行わないというのは、事態を取り違えている。こうした取り違えは至る所で見られる。迅速な問題解決が必要な場面で、「そもそも論」をやってしまうのである。そのことは一面思考するものの性でもある。後者は、世界に対して歴史の実例となるほどの構想力と企画力が問われる。大袈裟に言えば、一つの国家実験と呼べるような構想力が必要とされている。二十世紀には、ソビエト連邦とイスラエルが、典型的な国家実験であった。ソビエト連邦では経済制度を人為的に設定し、それを国家権力で支えるという無理が続かず崩壊し、イスラエルでは人為的に存在しなかった国土を設定し、いまなお隣接地区との抗争が続いている。国家実験に相当するほどの構想は、おそらく半世紀ほどの試行プロセスを必要とし、事実それと釣り合うほどのスパンのプロセスとなると予想される。一国家多制度やスマート工業特区、林漁業コングロマリット等のように現実性のあるものから、希望の輪郭のはっきりしないものまで、広範囲な構想は可能である。その内実がどのようなものであれ、現在は多くの構想を案として出してみる好機なのである。

4－2

ラディオアクティブ奥の細道

Radioactive Narrow Path

フクシマ② 二〇一四年三月

月日は過酷な百代の過客であり、行き交う人もまた流浪する旅人である。身の丈をはるかに超え出た人災によって、漂白の思いと移住を余儀なくされることはある。また否応なく行き先の定まらない旅程を強いられることもある。それは多くの場合、期限の保証のない、終わりなき旅である。仮設住宅は耐用年数の終わりにさしかかり、いつまでも雨水にも風雪にも耐えるものではない。帰る場所はあるはずなのに、帰還することもできず、帰ることのメドさえ立たない移住がある。

フクシマの春は遅い。福島の駅前では、楽天の優勝記念スイカカードを求めて、多くの人たちが列をつくっている。見た目に屈託のない笑顔は、屈折した行列を形成し、それはささやかなリセットの試みかもしれないと思わせる。ともかくも毎日イヴェントがあれば、ひとときの充実があり忘却がある。あるいは生活の余白を作り出さなければ、あまりにも多くのことを想起しすぎるのかもしれない。ほとんどの場合、人間は「ただ生きていること」はできない。つねに何かをしなければならず、していなければならない。貧困な選択肢だとわかっていても、なお、そうするよりない行列があり、人の行き交いがある。

フクシマは単独の行政単位でさえない。移住は加須市にも都内にも広がり、フクシマとの距離は、空間的距離を超えて、帰属感さえ揺るがせてしまう。フクシマに残り続ける人も、フクシマに帰属することはほとんど困難である。否応なくそこにいることと帰属とは異なる。これが流浪の理由となっている。帰属感がないまま、なおそこにいる以外にはない。それが仮設住宅の現実である。

先々の予期があれば、待つことはできる。だが待つということが選択になっていないことがある。待てない日々を待つ。待つということとは異なる仕方で待つ。それは日々充実して生きるということより、耐えることに近い。展開見込みがあれば、ともかくも人間は待つことができる。五年、十年と待つのである。だが待つことにならない遅延と延期があり、それは多くの人にとってどうしたら待つことになるのかを試行錯誤するような体験である。明日処刑の日がやって来るという緊迫感でもなく、誰も支えてくれる人はいないというどん詰まりの個体感とも異なり、むしろ真綿の重さを感じ続ける日々が続くのである。

三年の年月は、宙吊りになった期間である。いまだ三年しか経っていないのかという思いも、すでに三年経ってしまったのかという思いも、一日のなかで交錯するように交互に浮かぶ。追憶と予期は、同じ時間的な位置で成立している。この交錯は、一面徒労である。だがやむわけではない。いくら徒労だと自分自身に言い聞かせても、なおやむことなく続く思いがある。それでも何かが変わり続けている。

福島駅から一路海岸へ向かう。道路沿いの民家の庭には、青いシートをかけた盛り土がある。除染が終わり、危険ではないと聞かされても、どこにも持って行き場のない土である。こうした土壌を、集積場を指定してそこに集めようとすれば、集積場周辺の住民からは、猛反対がでる。それはかりに完璧に除染を行ったとしても、ほとんど解消されない問題である。ウイルスを完全に除去したので、この水は飲んでも大丈夫と言われても、他に飲める水があれば、あえて滅菌した水を飲もうとはしない。これは風評とは異なる。また科学的な検査を信用していないわけではない。ただ他に選択肢があれば、それを選択しないというだけである。これは生存の本能に近い。そのようにしてホモ・サピエンスはここまで生き延びてきたのだから、そうした本能を笑ってすませることはできない。科学的な理由はなくても、生存の本能に近い理由を疑うことは難しい。

かつてウイルヒョウという「細胞病理学」を打ちたてた高名な医師がいた。生命の単位は細胞であり、細胞の変質からことごとく病理を組み立てていった。ウイルヒョウの晩年にはさまざまなウイルスが発見されていた。ウイルスは、細胞様の単位ではないが、他の細胞に入り込み、宿主の増殖機構を活用して一挙に増え、またそこから飛び出して、別の細胞に入り込む。典型例がインフルエンザウイルスである。ウイルヒョウは、細胞という観点から見て、そうしたウイルスの存在を断固として認めなかった。そしてコレラウイルスが培養されたビーカーの溶液を、飲み干して見せたのである。まもなく高熱を発したが、かろうじて命だけは助かっている。放射線をこうしたウイルスのように考えることは非科学的であり、そうした思いから危険性を煽ることは風評である。だが実際に危険であるもの以上に、多くの危険なもの、危険でありうるものを感じ取ることは、生命の本質でもある。高速道を走っているとき、前の車に危険性を感じることがある。その車の後ろを走らないほうが良いと感じ取り、判断することもある。これも健全な生存本能である。そして恒常的な放射線リスクの予感は、第一原発1号機から3号機までなお存在する。

廃炉まで二世代かかる作業であり、世界ではじめての試みである。だが細かな手順は誰にも見えず、それどころかこれらの内部で何が起きているのかさえ、詳細にはわからない。内部まで立ち入るためには高性能のロボットが必要だが、それほどの技能を備えたロボットは存在しない。それを内部に抱えた居住区、それがフクシマである。

リセットのためには、多くのことを忘れなければならない。なにもない所で、すでに無いものをさらに忘れることはできない。忘れるための最高の試みの一つが、おのずと次の一歩を踏み出すことである。南相馬方向に向かう海岸近くの田畑には、多くの車や瓦礫が残っていた。塩水が漬いているので、簡単には稲作はできない。淡水生の多くの微生物も死に絶えていると思われる。数年間塩分を取り除くために、綿を植えて、塩分を取り除くことはできる。そのためには瓦礫を片づけなければならない。その途方もない道のりの遠さの予感が、人々をたじろがせる。「千里の道も一歩から」というのは本当のことだが、それも自分で歩けばよいときの話である。綿を植え、数年後に水田の水を張る前に、田畑に転がる車を片づけなければならない。そしてその作業は、どのような意味でも農作業ではない。

私は幼い頃、大きな農家で育ったので、土日はほとんど農作業に駆り出されていた。ある年、夏の気温が低く、畑一面にスイカが残っていた。収穫して荷積みし、大都市圏にスイカを送ると赤字が出た。そのため大小のスイカがびっしり畑に残っていた。その年の秋の長雨の日曜日に畑に出て、スイカをネコ車に乗せて、一日かけて竹藪に捨てた。おそらく小学校の三、四年生の頃だと思う。秋栽培の白菜を植えるために、ともかくも捨てなければならないのである。小学生だった私には、その捨てるという作業が、とても奇妙なことに感じられた。

農家には、「百姓の来年」という名言がある。また来る来年に向けて作業を行うのである。だが原町のあの田畑の車を捨てることは、農作業の枠内にはない。いったいこれは誰の仕事なのかと思う。津波は津波だからやってきただけであり、車は車だから道路にあっただけである。田畑に背面飛びのように散在する車というこの事態の原因はどこにもない。だがそれによって来るはずの来年が来ないのである。

南相馬市はすでに多くのことを忘れることができ、新たな生活圏を作り続けている。被災のなごりも痕跡もどんどんと消えていく。道の駅は、多くの客で賑わい、震災以前の生活は回復しているように見える。いまだ帰宅の困難な浪江町というのがある。海岸まで続いたやけにだだっ広い町であり、東電の幹部社員の宿舎や関連宿舎のあった町である。住宅街の端が崖になっており、その下に小さな小川が流れている。この町名を使った「浪江焼きそば」が、南相馬市の道の駅のメニューにあった。皆でそれを食べてみた。立派なもやしの入った普通の「焼うどん」である。うどんの腰もイマイチである。味もほとんど醤油味である。これが「浪江」だと感じながら、ともかくも最後まで食べた。

南相馬市から原発方向へと南下すると、そこが浪江町である。通行止めを告げる町の職員と思しき人たちが、交通を遮っている。だがあまり深刻な様子はなく、「許可書はありますか」と尋ねてくる。係員は車のナンバーを控え、それで通してくれた。三十年前の東電の邸宅はすでになく、小さなアパートが立て替えられている。風景や地形は、数十年単位では変わりはしない。数千年、数万年かけて形成されてきたものは、人間の一生を測定誤差の範囲に留めてしまう。地形や風景の前では、誰の命もひとときの旅人であるにすぎない。だからいっそうかけがえがないのである。

その後反対方向の海岸まで出てみた。そこが請戸漁港である。ヘルダーリンの言葉が蘇ってくる。「人間ほど高く育つものはなく、人間ほど深く滅びるものもない。」「滅びの深さ」は、一生の間に何度も経験できることではない。またできれば経験しない方がよい。だが起きたことから目を背けることもできない。視界一面、およそ地平線の一切が「滅び」なのである。

滅びの深さの現実感をもつことは容易ではない。この地区は第一原発から近いために、一般に人々が入ってくる場所ではない。それでも道路は片づけられ、車で入ることは可能である。そのため道路標識は、ごく最近になって改めて立て替えられている。児童横断注意の道路標識さえ、建て替えられている。小学校はなく、児童もいない。そしてやがて彼らが帰ってくる見込みもほとんどない。ないものたちのための道路標識である。画像に撮り、時が経てば、なにか手の込んだ冗談のように感じられるのであろう。

滅びの深さに対応する仕草は何なのかと思う。一切の感情のその一歩先にまで至っている。悲しみの先、驚きの先、当惑の先。こんなとき人間はどのような感情がもてるのか。悲哀ではない。驚愕ではない。戸惑いではない。「非哀」という言葉を設定してみる。一切の感情の先で、なお動く情感である。仕草としては、持って行き場のない笑いに近い。人間は、すべての感情の一歩先で、なお笑うのかとも思う。

海岸沿いの原発地区を通り抜けることはできない。そのため阿武隈山中を迂回するしかない。海岸通りから見たとき、フクシマ中央の小高い連山のように見える山と谷の間の集落が、飯舘村である。村民はすべて避難している。空気の流れは一様ではなく、地形によっては大気が渦を巻くように溜まっていく場所がある。風合瀬（かそせ）という可憐な日本語もあるが、一般的には吹き溜まりのことである。周囲に比べて、積雪量も多く、残り雪も多い。この渦を巻く空気に放射線が混ざってしまう。そのときいわば「地形の悲劇」が発生する。現在これは、物理学の自己組織化で説明することが多い。竜巻の出現や入道雲の出現のように、物の運動が増幅されて、特定の「動きのかたち」が出来てしまうのである。周囲の山々に囲まれて大気が滞留すれば、大気に含まれる放射線はその地だけ濃縮される。

幹線道路が通る以前のさらに昔に遡れば、飯舘村の生活は、浜通りとはかなり異なったものであっただろうと予想される。

磐城の相馬地方などでは、彼ら（サンカ）をテンパと呼んでいる。山の中腹の南に面した処に、いくつかの岩屋がある。秋もやや末になって、里の人たちが朝起きて山の方を見ると、この岩屋から細々と煙が揚がっている。ああもうテンパが来ているなどという中に、子を負うた女がささらや竹籠を売りにくる。箕などの損じたのを引き受けて、山の岩屋に持って帰って修繕してくる。

（柳田國男『遠野物語・山の人生』岩波文庫）

山の人たちは、当時里の人たちと地続きの生活をしていたのではなく、また生業も異なっている。そして放射線によって、再度飯舘村は、異なる生活を余儀なくされている。狭い谷に作られた田圃は、汚染土壌が山積になっている。当然他所に移動させたい土壌だが、もとより引き受け手はない。ゴミという言葉が、粗雑すぎる印象が残る。焼却し、圧縮してなお使い道がないものは、生活感情からしてゴミである。だが焼却もできず、どのような処理もできないものは、もはやゴミではない。ゴミは捨てることができ、捨てることによって一つの区切りとなる。だが捨てることのできない物は、場所移動しかできない。場所移動は、処理ではない。田畑に積み上げた汚染土壌は、ゴミではなく和解不可能な異物である。

飯舘村は、一般的に言えば、大きな中山間地である。こうした中山間地は、山によって区切られ、谷の狭い道路でのみ里につながる。そこにファンタジーを感じる者たちがいる。柳田國男もそうであり、現代では内山節がそうである。ファンタジーを喚起する場所のイメージがある。柳田の場合、民話や子供の話、伝承、動物の物語にファンタジーを感じ、それが延々と続く柳田の語りになっている。それと同時に農商務省の最初の高等文官として、膨大な分析的な知識を備えている。ファンタジーの内容は、異界、異他なるもの、異人に触れることである。史実で見れば、柳田の記述には相当におかしなものが多い。だがそのことを含めて、そこにファンタジーが出現する。ファンタジーの必要条件は、本来そうしたファンタジーを喚起するようなところがある。ファンタジーの必要条件は、現在の経験の境界に触れて、経験そのものをふんわりと拡張していくことである。考え方や観点を切り替えるような経験の変換の仕方ではない。

放射能は、そうしたゆったりとした経験の動きやふんわりとした経験の境界に触れる仕草をことごとく断ち切ってしまう。乳牛は、毎日お乳を搾らなければならない。だが汚染の可能性のある牛乳は、捨てる以外にはない。生きているものには、エサが必要であり、毎日食べさせなければならない。冬場のエサの確保は容易ではない。背負子を背負って、雪の下に埋もれたカブを取り出し、運んで食べさせるのである。そのエサさえも、汚染されてしまう。

船引三春から高速道路に乗り、一路いわき市へ移動する。フランス思想研究者の渡名喜庸哲さんイチオシの「スパリゾートハワイアンズ」に立ち寄る。フクシマには珍しい総合リゾート施設であり、多くの宿泊客、日帰り訪問客で溢れていた。なんといっても宴会場で、フラダンスを踊れるらしいのである。そこには無理にでも浮かれるような賑わいがあり、帰宅困難地域との落差が凄まじい。復興とは、こうした落差を人為的に作り出す装置のことである。その落差をさらに次の落差に接続する運動こそ、復興のプロセスである。

その日は、いわきで宿泊した。夜中に凄まじい物音で、眼が覚めた。どうして真夜中に道路工事を行っているのか、それも復興の証なのかと目覚めた。だが道路工事の気配はない。同室の哲学者、相楽勉さんのいびきであった。喉と口腔の振動が、顔と全身を共鳴板として増幅され、部屋を揺るがしていたのである。

いわきから海岸沿いを一路北上し、原発事故の一歩手前までの旅程を進む。塩谷崎灯台で、私は数年ぶりに高所恐怖症が出た。高所恐怖症は、高いところが怖いというのではない。数段の階段さえ怖いのだから、高さも怖さも焦点ではない。なにかのきっかけで、一挙に感覚が動き始めてしまい、どうにも制御できない状態である。感覚の動きが止まらないのである。これが起きると、私の場合、言葉は聞き取れるが、多くの機械音はほとんど聞こえなくなってしまう。前日の請戸漁港が強烈であったこと、夜半の同室の道路工事で眠れていないことが、間接的に効いてきているように思う。

海岸沿いは、急速な回復のプロセスを進んでいる箇所と、手つかずの箇所がまだら模様になっている。まだらが生じれば、その場所は自動的な回復軌道に入っている。海岸沿いの道の駅「四倉」で、昼食となる。そこでは復興のシンボルとなっている浜辺の船が設置されている。だがこの地区は、人の動き、物流が、大幅に改善されている。常磐自動車道がつうじており、物流の回路ができあがれば、システムが自動的に立ち上がってくる。津波被害への対応と復興は、ほぼそこまで来ていると感じられた。二年後にはすでに別の姿になっているだろうと思われた。物流と人の動きのあるところを接続していくと、そこに領域ができる。それが新たな生活空間を作り、それが及ばないところとのはっきりとした違いが生まれる。四倉の道の駅は、そうしたネットワークの一つの分岐点であり、一階の食品・食材販売も二階のレストランも、すでに勢いがついている。

さらに北上を続ける。広野町、楢葉町、富岡町、そして大熊町、双葉町、浪江町と続き、その北が前日海岸まで出た南相馬市である。大熊町、双葉町には、どのような理由を付けてもおそらく入ることは難しい。どうしてこうした小さな町が並んでいるのか。平成の大合併にもかかわらず、合併できないでいる。原発を抱えて享受しているプレミアムが薄まることを懸念しているのか、あるいは原発誘致の決議の出しやすさを配慮したものか、いずれにしろ人口から見て合併していなければならない地区である。この行政単位の細分が、何かあったときの対応を難しくする。

福島県内に多くの仮説住宅がある。既存の町、村の単位でそれぞれ小学校、中学校を探し、それぞれにスクールバスを用意して送迎しなければならない。市単位であれば、より多くの選択肢をもてるのだが、一律に町単位、村単位の行政決定となる。そして小さな単位で、差別化を図るのである。

北上を続けるうちに、走る車の頻度がどんどんと減っていくことがわかる。車の進入を躊躇させるほどの細道である。空間的な細道ではない。放射線の細道なのである。この細道は北上するごとに緊迫感が増す。

津波の被害は、小さなものではないがいずれにしろ手順を踏めば回復する。だが放射線は、事情が異なる。いつ回復するかが予測できない。第一原発1号機から3号機までは、今後どのような手順なのかも見通しがない。放射線の健康への影響は、ずっと遅れて現れる。四年、五年後の身体の変化を予期し、補償するものは何もない。取ることのできる手立ては、「そこに」近づかないことだけである。

Jヴィレッジという建物と敷地がある。サッカーのナショナルチームが合宿を行うさいに使用し、女子サッカーチームのホームグラウンドになっていた場所である。ここが原発廃炉に向けた活動の前線基地になっていた。本部の建物は、日曜日であるにもかかわらず異様な緊張状態である。その横には、除染作業員が着替えを行い月光仮面のような服装で出てきて、バスに乗り込むための建物がある。かつては応援団が車を止めていた駐車場が、現在では、除染作業に関連する業者の車で一杯である。場所の面積に比べて、異様なほど人口密度が低い。これが「前線基地」なのかという感触が、どんどんと強くなる。だがここから現場まで向かう人たちの内面は、動機だけで見ても均質ではなさそうである。これまで第一原発で働いてきたのだから辞める理由の見当たらないもの、義憤に近い思いで働くもの、賃金が割高であるという理由によるもの、最初から「ここを」死場と定めていたもの等々、いろいろであろう。どのような理由であろうと、覚悟を決めなければできない仕事である。

ついに富岡町まで来た。検問には警察が張り付いている。それを振り切って内部に入れば、公務執行妨害という立派な犯罪である。ここまでくれば緊急性の度合いが格段に異なっている。

これは断固たる国家の意思表示である。引き返して別の道を行く。そこでも同じようにバリケードがある。このバリケードのうち、国道六号線だけは、後に二〇一四年九月十五日午前〇時をもって撤去された。これで原発周辺の海岸沿いの大動脈が通ったことになる。南から北へ、北から南へと幹線道路が開通した。道路周辺だけをともかくも除染し、開通にこぎつけたのである。帰還困難区域に相当する道路区域では、途中下車はできず、窓を開けることもできない。オートバイや自転車の通行は禁止されている。自動車でその区間を通過することができるだけである。

Ｊヴィレッジ

このあたりにはおよそ動物の気配がない。犬や牛がいないだけではない。タヌキもリスも鳥もカエルも芋虫も昆虫類もミミズも、およそ動物と称されるものの気配がないのである。鳥の気配がなく、カラスさえいない。もちろん春先だから一面の枯れすすきである。一面の草地だから動物の気配がない、というのではない。動物らしい蠢きがまったく感じられないのである。動物には、はっきりと運動し移動するものとしての気配がある。動物たちも本能的に危険を察知して、この場を後にしたのだろうか。原発の建屋がふっとび放射線が拡散したころ、都内でも鳥の気配が消えた時がある。

このバリケードの近くに、全国的に見ても有名な桜並木がある。年季の入った立派な桜の木が並んでいる。原発の事故の後、まもなく四度目の桜の開花となる。桜の花を楽しむ人もなく、明かりもない。それでも桜はただ桜であることによって毎年咲く。闇のなかで人通りのない大通りに、満開の桜が咲き、道路を埋めるほどの一面の花びらとなる。ちょうど真闇の海でほっそりとした手で首筋を撫でられるように、花びらが首筋に触れ落ちる。そして肩に積もり、足元を覆い隠す。一面の闇夜の満開の桜は不気味なものである。そしてこれが現実なのだと思う。

ＪＲ常磐線は、海岸沿いを走っている。富岡駅は、そのなかでも海岸沿いに近い。そしてそこには典型過ぎるほどの駅の破壊がある。ホームのかたちだけは、過去の姿を留めている。おそらく駅舎の屋根までも押し流すほどの海水だったに違いない。津波の流速は地形によっては時速八十キロほどにもなることがある。そして海水はことのほか重い。この重さによって、海水は環境のほとんどのものを浮かび上がらせて、運んでしまう。この駅もほとんどの物は浮かんでしまい、浮かぶことのできないものだけが残骸となっている。

動物は、移動するために海水の比重よりも軽くなっているものがほとんどである。海底に出現した最初の生物は、身体が大きくなるに伴って、海面近くに浮かんで来る。それが自力での移動を可能にしている。海深く生息するものは、潮の流れに乗って移動することはあっても、自力で大きく移動することはない。水圧の効果が大きく、どっしりと重い荷物を全身で背負っている状態である。さらに比重の軽くなったものだけが、陸に上がってきたのである。

陸上で体重が大きすぎて移動できなくなるものは海に帰るしかない。クジラは一時、陸に上がってカバの類縁として暮らしていた。DNAの分析によれば、そうとしか考えられないらしい。だが図体の比重が大きくなりすぎて海に戻っている。およそ二千五百万年前のことであり、いまだインド亜大陸が赤道付近にあった頃である。そのため本能的な郷愁なのか、クジラのなかにはときどき海辺に戻ってきて波打ち際に挙がってしまうものがある。比重の軽さを動作の多様性に転嫁できないものは、陸にいる意味がない。陸とは、比重の軽さのことかと思う。自分自身の重さを、動作の多様さや複雑な環境に応じた複雑な動作の開発につないでいくことが、陸ということの意義である。そのためには体重を調整して、身体の表面積（半径の二乗）と重さ（半径の三乗）の比をさまざまに変えていくのである。もはや水圧に耐える必要はないのだから、この比の変動には大幅な多様性がある。

その日は郡山に戻り、熱海へと移動した。こぢんまりとした良い温泉であり、顔面や頭皮から汗が噴き出るまで、温泉に浸かった。懐石料理も格別においしかった。

郡山の西に猪苗代湖がある。猪苗代湖の傍らを通り過ぎ、山越えをすると会津である。フクシマは、福島、郡山、会津、いわきのような大きな都市部からなる複合圏（県）である。県民感情という一つの感情は、ありそうにない。そこにさらに海岸沿いに、「真空都市」ができかかっている。住民の居住できない都市であり、土地と主権はあるが住民がいないという都市である。

会津は、やけに広い盆地であり、南は日光の裏まで続き、西は喜多方の裏まで続く。あのラーメンで有名な喜多方である。新潟大学で集中講義を行ったあと、喜多方までただラーメンを食べに連れて行ってもらったことがある。こんな選択肢しかないのかと思いながら、ただ普通のラーメンを食べた。

会津の奥地に「塔のへつり」という名所がある。テレビのサスペンスでしばしば殺人現場に使われる場所である。一度は現物を見ておきたいと思っていた。絶壁の中腹が削り取られ、そこが浅い洞穴のようになって、上の崖が宙吊りになっている。サスペンデッドの状態である。サスペンスの意味は、犯人が未決定なまま宙吊りになっている、ということなのだろうと思う。

大内宿は、古民家がならぶ遺産保全地域である。これだけの古民家が成り立つためには、大規模農家があったと予想されるが、何を生業にしていたのかがよくわからない。日本各地には、旧大庄屋の旧宅が残っているところが多々ある。格別に大きな屋敷なので、見た目に大庄屋だとわかる。金沢はコメどころで加賀百万石と言われていた。天領地を次々と作った徳川幕府が、総石高六百万石の時代である。夏は地平線に夕日が沈むほど、一面の水田となる。しかもいつまで経っても陽が沈まないのである。そこに新田家の豪邸があり、隣村に西田家の豪邸がある。西田家の豪邸の跡は、現在、西田幾多郎記念館になっている。

大内宿のなかで蕎麦を食べることにした。太めのネギが付いていて、この一本のネギで蕎麦を掬って食べ、ネギを齧るのである。新鮮なネギだったので、その日の朝、雪の下から掘り出してきたのだろうか。蕎麦もおいしい。蕎麦とネギが不思議なほどよく釣り合っている。東洋哲学者の沼田一郎さんは、何を食べてもおいしいのか不味いのか、よくわからない表情で食べている。食べることへの執着を断ち切っているのかとも思う。それはすでに半分人間を辞めることなのだから、もう半分だけは救われているのかもしれない。すべてを美味しく食べられるというのは、すでに救われすぎている。

会津には、いくつもの仮設住宅がある。すでに耐用年数が過ぎ、雨漏り、隙間風となっている住居もある。大震災から三年である。誰にとっても三年は長い。次の選択をしなければならない時期に来ている。だが次の選択は容易ではない。また次の一年がまたたくまにやってくる。そして時の過ぎ行くことを感じ取らないままにすることが唯一の手立てのようにも思える。感じ取らないことは、最大の武器であり、知恵である。だがそれは世界と向き合うことをやめることでもある。そのようにしてしか対応できない事態がある。慣れてはいけないことなのだが、慣れるより他の手立てもない。

たとえば東京に仕事を探し、仕事が見つかっても、住居も墓も親類縁者もフクシマに残っている。そのためにはフクシマに断続的に帰ることができ、かつ都心に通勤できる居住地が選択されなければならない。すると栃木の宇都宮ぐらいになる。この場合には、少々不便でも、次の一歩への踏み出しがすでに開始されている。だが多くの人にとって、こうした踏み出しは容易ではない。

一日中、あの仮設住宅に居つづけることも難しい。そのため午後には近所のパチンコ屋に行き、夕方からは飲み屋に行くことにもなる。居場所もなく、選択肢もないのである。そんなことではいけないと思っても、他の選択肢が容易に見つからない。毎年不思議に思うことがある。正月の一月一日の午後には、近所のパチンコ屋は満杯である。そんな選択肢しかないのかと思う。家にも居場所がないのだろうと思える。

いわき市には、原発事故直下の町村の人たちが移住している。事故前には、発電所への補助金で潤っていた人たちである。補助金で潤い、仕事のあった人たちが、何もかも失って流民のように流れてくる。その後も被災民としての補助金、支援金は支払われている。そこでできることは時々、不釣り合いなほどの買い物をすることである。それは生活ではなく、持って行き場のなさの表現でもある。いまだ次の選択に踏み出すことが出来ていないのである。そしてそうした人たちを見かければ、どうしても「裁く」「捌く」という感情が働いてしまう。裁くという感情は、他人に向けられる場合でも、自分自身に向けられる場合でも、さらには東電や福島県や国家に向けられる場合でも、選択肢が足らない場面で強く出てしまう。他人を裁いてはいけないと思っても、なお裁く思いが残ることがある。ここから不要なほどの差別感情が生じることがある。

この感情は、現実の行動であれば、法に訴えるという手順となる。これも持って行き場のなさの一つの行動表現である。東京電力の旧経営陣は、市民団体から刑事告発され、検察は予想できる範囲をはるかに超えた津波であるという理由で、刑事訴追を見送った。だが十一名で構成される検察審査会は、それでも不起訴不当という結論を出している。

裁くのではなく、自分自身のなかに選択肢を開くことが必要となる。放射線は、この選択の道を極端に狭くしている。いまだ帰宅できず、仮設住宅その他で過ごしている人は二〇一四年四月段階で十万人以上である。私の生息している坂戸市の人口に匹敵する。人工的な市を立ち上げるための土地は、フクシマにはなお存在している。だが八町村に分割した避難民の帰属する行政単位は、選択の幅を狭くしている。すでに原発事故という緊急事態の時期は終わっている。圧倒的に足りていないのは、労働力や資金ではなく、多くの人にとってそれぞれがさらに次の選択肢を選び、さらに能力を発揮することができるようになるためのデザインなのである。

4－3

フクシマ・レヴィジテッド

Fukushima Revisited

フクシマ③　二〇一五年三月

二〇一五年三月十二日朝、新幹線で再度フクシマ入りをした。福島駅ではボタンのような大粒の雪が舞っていた。少しでも気温が下がれば、ただちに雪になる気象である。大気はほぼ湿度に満ちている。前日には、「三月十一日」を祈念して、福島各地では、大小の多くの追悼集会が行われた。五年目の春である。四年の歳月が人間の時間である限り、何もしないでいるこ とはできない。何もしないでいることはむしろ忘却の別名である。おのずと進行する忘却を、風化という。それはまさにそれじたい、風に成ることである。風になることを恐れる気持ちもある、あるいは風になってしまわなければならないとも思う。たとえ風になっても痕跡はある。

時の流れは否応がない。物事の推移に、それぞれの人の加齢も加担する。過ぎ去ったあとの時間の推移のなかでの思いを「理解」という。理解とは、手遅れになったものの思い出のことであり、そこにはいくぶんか流れ去ったものへの思いの自己正当化も含まれる。事態をわかることになかにおのずと含まれてしまう「言い訳」と「自己正当化」は、どこか理解そのものの座りの悪さを引き起こしてしまう。大震災とは、どのように長引こうと一つの「出来事」であり、ある意味で「瞬間」である。その瞬間は、過ぎ去っていくことの「理解」にも、理解をつうじた未来への「投企」にも解消されはしない。出来事とは、どこまでも配置をあたえることのできない不連続点である。どのように時間が過ぎ去ろうと、いわば「何一つ流れない」思いがある。

二〇一五年三・一一追悼の会場の一つでは、三名の追悼講演が行われ、そのうちの一名は母を亡くした女子高校生だった。ただたんに母を失ったのではない。津波に流され、必死でもがいているとき、さらに下の方から自分の足を引っぱるものがいる。見ると下から母が足を引っ張っている。瓦礫に挟まれて、自分では身動きがとれない。助けてくれと、当時中学生だった自分の娘に必死で懇願したのである。女子高校生は、ともかくもなんとかしようとしたが、そのままでは自分も死んでしまうと強く感じ、母を置き去りにして、自分だけ生き延びたと言う。

どのように言葉で語ろうと、またどのような思いを込めようと、こうした事態は一生抱え続ける以外にはない。語れば局面が変わるような事態ではない。だが何らかのかたちで語るよりない。淡々と語ろうが、激して語ろうが、それらはすべて測定誤差以内に入ってしまう。それでも語らなければならない。そうした事象がある。どのように復興しても、どのように現地の姿が変わろうとも、そのことによっては何一つ変化のないような事象がある。そしてその事象の強さがある。

これは極端な事例に思えるかもしれない。だが母親でなくても、兄弟であっても、親しい知り合いであっても、そばにいる者を見捨ててきた現実に大きな違いはない。仮に助けようとして、二人とも死ぬ場合、二人とも助かる場合、相手だけ生き延びて自分が死ぬ場合のように、さまざまな思いが経巡った月日があったに違いない。いずれもありうることである。現にいまこのようであることは、どのように理由づけしようと、本人にとってもどこにも持って行き場のない思いを残してしまう。どのように自分の行為のやむなさを自分自身に説得しようと、それで区切りが付くわけではない。こうしたどうしようもなさの一歩先に行くことは困難である。そしてまた一歩先に行くことが自分自身にとってもよいことなのか、判断のつかない事象がある。そうした思いの一端をようやく語ることができるようになるまでに、この四年が必要だったと思われる。前日のそうした語りを思い起こしながら、フクシマに入った。そして雪である。

こうした場面で、事象のもとにより淡々とした語りはないのかという思いはつねに心のどこかに残ってしまう。激した誇大さとも、諦めにも似た断念とも異なるかたちの感情と感性の動かし方はないのかとも思う。たとえば以下のような文章である。

過去とはおそらく絶対の慰めである。時間のおかげで私たちは身を退いてものごとをながめやることができるのであって、そのとき、自分の心配事や苦悩が対象に、たんなる対象になる。この大航海はやむことがなく、すべてを回復し、わたしたちを運んで行ってくれるが、そこには解放の約束が、いや、約束以上のものがある。この持続的な運動の思い出の当たりを軽くしてくれる。絶望は過去に居座ろうとするが、そうはいかない。過去を再考することと過去に別れを告げることは、人生の平衡そのものだ。それは、身を退きつつ自分を再発見することだ。

（アラン『芸術論20講』長谷川宏訳、光文社）

一般にはこの優れた哲学的エッセイストの語るとおりである。ただし特異な偶然によって、修復不可能なほど、人生の均衡が逸脱してしまうことがある。そしてそこから前に進むためには、時間経験とは異なる非常時の覚悟と踏み出しが必要となる。

二〇一四年三月にフクシマに入ったとき、震災からすでに三年という時の長さと、あまりにも手のつかないままただ時だけが過ぎ行く遅々たる歩みに、気持ちのもっていきようがなかった。今回一年ぶりにフクシマに入ってみて、復興の本質はタイムラグであることがくっきりとしてきた。南相馬市の原町の海岸沿いの農地には、一年前には背面飛びのような姿の車が到る所に散らばっていた。農業を再開するという開始前の条件さえ整っていなかった。今回車で横を通ると、海岸沿いに堤防ができかかっていた。全線の八割ほどの堤防が出来あがっていた。だが海水の浸かった耕作地は、ほとんど手付かずである。

海水に浸かった土地を回復することは容易ではない。綿のような塩分に強い作物を植えて、数年間かけて耕作地に戻す作業が必要になる。そこまで手間暇かけて耕作を再開する段取りにはならないのであろう。回復とは、最も通りやすい水路を見出すようなものであり、そのため先送りされるプロセスは、いつまで経っても先送りされ続ける。この先送りの日常のなかで、気にも留めなくなった事象が「震災の風化」である。

登録上の「農地」である限り、容易には「農地」を回復することはできない。ここにも日本に特有の「農地のマジック」というべきものがある。農地を別の用途に組み替えていくためには、各地の「農業委員会」を通さねばならず、簡単には進まない。それが「岩盤規制」と呼ばれるものの一部である。農は本来、光、水、大地の滋力を最大限に引き出す営みである。さらにそこに経済活動を行う仕組みが組み込まれると「農業」となる。この農業の流通、金融、企画その他一切を仕切っているのが、農協である。農協は巨大な金融機関でもある。三菱東京UFJの資金量とおなじぐらいの資金を持っており、各種補助金の受け皿にもなっていて、多くの法律で守られている。通常は農地については、農協が動かなければ何も始まらないのが実情である。この巨大な資金のごく一部、すなわち一％程度が農業用の資金と成っている。因みにそれ以外の三割は、住宅用の貸付であり、残りの大半は米国債で運用されているという。

南相馬市のはずれの農地の一部に、一般社団法人「福島復興ソーラー・アグリ体験交流の会」の設置した、ハウス栽培とソーラーパネルがあった。この事実は『日経エコロジー』の記事で所在を知り、事業体に、事前に訪問とインタヴューを申し入れてあった。

その中央には、プレハブの事務所が建てられていた。十二畳ほどの研修室と生活用の雑務室でできている。この会の代表が半谷栄寿さんである。半谷さんは東電の元役員であり、震災後ただちに救援物資の搬入の作業を開始した。もともと都内でも古紙回収の環境NPO代表も務めており、震災を機会に救援活動を開始したのである。「南相馬がんばれ」「福島がんばれ」の旗を立てて、トラック輸送した。半谷さんの父も、福島県のある市での行政の長を務めており、公益的活動に幼少期からなじんでいたともいえる。

震災後、半谷さんの企画したことは、復興の一つのモデルケースになる。フクシマの現状で、どのように起業していくのか、どのようにして起業家を育てるのか。手をこまねいていたのでは何も始まらないのであり、誰かが何かをやってみせることが現在の日本にとって一つのモデルになるように、実行して見せることが必要なのである。そこで復興期の支援のあり方として、物を届けることから、「仕組み」を示すこと、またそれを経験するための場所を設定することを課題設定してこうした「社団法人」を開始したのである。

ただし東電の元役員の肩書と顔のネットワークはかなり強力で、この社団法人は、初年度多くの企業から寄付を受け、かつ企業研修を請け負っている。アイディアを出し、復興支援金の有効な活用の仕組みを見出し、そこで事業を行ってみせるのである。

まず復興交付金（一億一千万円）を活用する。次に津波被災農地を市有化してもらう。そこを農地転用するのである。それ以外に東芝ＣＳＲから出資金一億円を出してもらう。原発の電気系統は東芝が全面管理しており、付き合いは長いと思える。実は韓国の原発の電気系統の特許は、東芝がもっている。そのため東芝から機密情報を持ち出そうとして、事件が起きたことがある。また農水省の補助金を一億円弱受ける。ここまでの作業を行って、二〇一三年三月に「南相馬ソーラー・アグリパーク」が出来あがった。それじたいが体験型のテーマパークである。そして一方では、復興を担う地元人材の育成を行い、他方では地元農業法人が業務を開始し、生産物は地元の加工業者への全量出荷の仕組みを作っている。

この仕組みは、一方では起業家を育成し、他方では起業の支援を行うことで、起業ネットワークを作り出すことである。起業家の育成では、学校教育では容易には届かない起業の具体的な場所を提供することを企てて恒常的に研修を行い、他方では実際にさまざまな起業をやってみせるのである。こうした仕組みを半谷さんは、「憧れの連鎖」と呼んでいた。ここまでやらなければモデルケースにはならないのであろう。

現在ではハウス栽培トマトの会社を立ち上げて、南相馬市がかつて生産していたトマト総量の半分まで生産できるようにした、ということであった。カゴメと提携して、トマト全量を購入してもらう契約にしたということだった。

こうした復興のシステムは、誰かが開始しなければ、作動していかない。そしてひとたび作動を開始しても、なお継続し続けなければ展開可能性がなくなる。これは実際に、復興ネットワークの自己組織化を狙う仕組みとして、歴史に残りそうな企てである。

南相馬ソーラー・アグリパーク

今回の訪問の課題の一つは、海岸沿いの国道六号線を南相馬市から富岡町まで通りぬけることである。半年前までは、放射線量が高いという理由で、国道六号の一部は閉鎖されていた。警察が物々しい警部体制を敷き、それを振り切って通行すれば、立派な公務執行妨害である。六号線の全線開通はニュースにもなったが、通行する車は停車禁止でかつ窓を開けてはいけない。その地域一帯は、当然のことだが「帰宅困難地域」に指定されており、民家にも商店にも人の気配はまったくない。それだけではなく動物の気配もない。カラスさえ飛んでいない。海岸沿いに向かう六号線と直交した道路を封鎖するための警備員が、時として立っているぐらいである。所在なさそうに立っている警備員は、放射能を浴びないのだろうか。そんなことを心配しても始まらないのだが、これほど多くの人が亡くなった震災の後なのだから、いずれにしろそれも「命掛け」の仕事である。

富岡の名所の桜並木を通り抜けて、富岡町の流されてしまった駅舎に出た。津波で残っていた駅舎の鉄骨もすでに撤去され、駅といっても、コンクリートのホームと錆びた鉄道が残っているばかりである。この地区も居住者の気配はまったくないが、見学者はかなりの数にのぼっている。住む人がいないのだから、津波で破壊された家屋はそのままである。家屋の維持は、そこに住まうことである。それがもっとも家屋が長持ちすることである。食器を長もちさせるためには、それを使うことである。使わない道具はある意味で「語義矛盾」である。

駅前のこの家にもはや住民は戻る可能性はなく、また津波による破壊部分を取り壊して、別様に活用する可能性もない。つまり取り壊して整理することもできない。それが見学の対象となり、震災の記録となる。

記録とは、再生されないことの別名かとも思う。過去の記録は再編され、多くが不明になってしまう。進化論の場合の「失われた輪」のようなもので、繰り返し再生するものは、特殊な条件がなければ、「過去」として記録に留まることはない。自己を再編し、みずからを組み替え、過去の痕跡を消していくことは、生命の共通の特徴である。生命とは、再編のプロセスのさなかで、みずからの痕跡を自分自身へと組み込むことである。構造部材の上で、超安定期にはいる特殊な時期だけが、記録に残る。記録とは例外的な安定期のことである。こうした建物も、記念碑として特殊保存するのでなければ、住む人のいなくなったあばら家と同じになる。

富岡駅前

富岡町駅のホームから海岸までは数百メートルである。ホームの向こうに海が見える。それだけではない。その中間に、膨大な量の汚染土壌が積みあがっている。一つ一つ黒の袋に詰めて、数万、数十万という規模で積みあがっている。中間貯蔵施設として活用する場所の一つかもしれない。小口で汚染土壌を各地に残したままであれば、その土地には簡単に立ち入ることは出来ない。

放射能事故の痕跡を消すためには、汚染土壌を運び去り、どこかに集積して、人目に付かないようにしなければならない。それが中間貯蔵施設である。そしてその場所は「帰宅困難地域」から選ばれる。その一つが富岡町である。そこでさらに除染し、後に最終処分場に送られるという計画である。しかしおそらく最終処分場を引き受けるところはないと思える。いったいできるだけ遠ざけたいと思っている汚染土壌を、自分の近くに引き受けるものはあるのだろうか。常識的にはいつまで経っても最終処分場は決まらない。そうすると中間貯蔵施設は、永遠に「中間」貯蔵施設という名前のまま、実質的に最終処分場となる。最終処分場探しは、延々と続く。つまりネヴァーランドである。富岡の駅もいずれ近い将来再建され、復旧する。だがその復旧した駅を、いったいどのような思いで利用するのだろうか。

汚染の半減期は、個々人の一生の時間にとっては、どうにも融通が利かないほどの長さである。一生の時間が測定誤差にしかならないような事象がある。待てば何とかなる、時間を置けばなんとかなる、というのは、すでに全面的に「人間化された」時間のことである。この人間化された時間の外で、経験をどのように動かしたらよいのか。解答のない問いを、そのことを承知の上で、なお考え続けることに近いのだろうか。それともおのずと忘れることのありがたさを求めて、日々の雑事に埋没することが得策なのか。

富岡町には全国有数の桜並木がある。帰宅困難地区だから、一切手入れは行われてはいない。

それでも一月後の四月半ばの開花に向けて、樹脂の下は全身で桜色に染まっているに違いない。二〇一五年の開花の時期は、観光バスを仕立てて、バスのなかで花見をやるようである。桜並木の周辺全域は、いまだ十分な除染は行われてはいない。除染が行われたのは、幹線道路周辺だけである。下りて歩くという選択肢のない花見は、やはり奇妙なものである。

富岡駅と海の間

フクシマ第一原発の廃炉作業前線基地である「Jヴィレッジ」は、すでに通常業務にもどっているように見える。作業員たちは、それが毎日の自明の仕事であるかのように、淡々と、しかも和気あいあいと作業に取り組んでいるように見える。誰かがやらなければならない仕事だから、自分がやっている、という風情である。作業の内容はいずれにしろ「命がけ」である。それがそこでの仕事であり、明日も明後日もやらなければならないのであれば、淡々とやる以外にはないのかもしれない。先々二世代、四十年続く作業である。こんな先のことまでは個々の作業員にはわからない。毎日が微々たる歩みである。そしてそれを一生の仕事だと考えてやるよりない。

この前線基地の建物のホールには、多くの激励文や絵が張り出されている。同行したウィーン大学のG・シュテンガー教授にも、ドイツ語で激励文を書いてもらった。係員を呼んで、張り出すという約束を取り付けた。それくらいしか貢献できることはない。それがたとえ測定誤差の範囲のような行為であっても、そうするしかないのである。

富岡町を出ると、常磐自動車道でいわきまで戻った。今回はスパリゾートハワイアンズで宿泊となった。硫黄と酸化鉄の臭いのする温泉ホテルであり、若者の団体客が大量に宿泊していた。温泉は浮かれるのが似つかわしい場所であり、無理にでも浮かれなければならない場所である。そのためか温泉の湯船のなかに飛び込む少年、青年がいるが、まるでプール気分のようである。こうした騒ぎは、人気のない帰宅困難地区とのあまりのギャップの大きさに収拾がつかないほどだが、ホテル施設もひとときの気分転換にはなる。ハワイアンのショータイムもあった。大勢の客をステージにあげて、腰の振り方をレッスンするのである。日本風にアレンジされた「胸騒ぎの腰つき」である。

スパリゾートハワイアンズの宿泊数は、実は震災前以上に伸びている。それだけではなく、フクシマ全県の宿泊滞在者数は、震災前以上になっているのである。復興工事のために県外から入り込んでいる人たちが多いためである。かつて観光温泉施設であったものが、現在では仕事のための宿泊施設になっている。単価はかつて一泊二食一万三千円程度であったものが、現在は素泊まり六千円ほどになっている例が多いという。復興関連の作業員が大量に入り込んでも、県全体の人口はやはり減っている。声も上げずに居住を断念した者たちが夥しい。首都圏からのフクシマ・ツアー客も多い。不思議なことだが、こうした震災復興のプロセスがなければ、私自身も会津に行くことも磐梯山に行くことも、いわきに行くこともおそらくなかったと思われる。

良い記憶はどのようにして作られるのか。良い記憶の蓄積が、そのまま良い人生になるのであれば、つねに良い記憶を獲得する努力をしたほうが良い。いつも良い記憶をもつ練習をするのである。おそらくヘレニズム期の「快楽主義」は記憶の効用から語るべきものだったように思われる。つまり快とは良い記憶のことだと考えていくのである。それによって直接的な快、不快が焦点になるのではなく、むしろ快の記憶の蓄積が良い人生を導くのだと考えていくことになる。人間の経験の大半は、記憶に支えられている。死は感覚されないので恐れるに足りないと、エピクロスは言う。感覚の停止を死だとすれば、定義上死は感覚されない。だがそれは定義の問題である。不快な経験や苦しい経験は、やはり記憶される。そして時として難儀な思い出を作る。しかもそれは簡単には

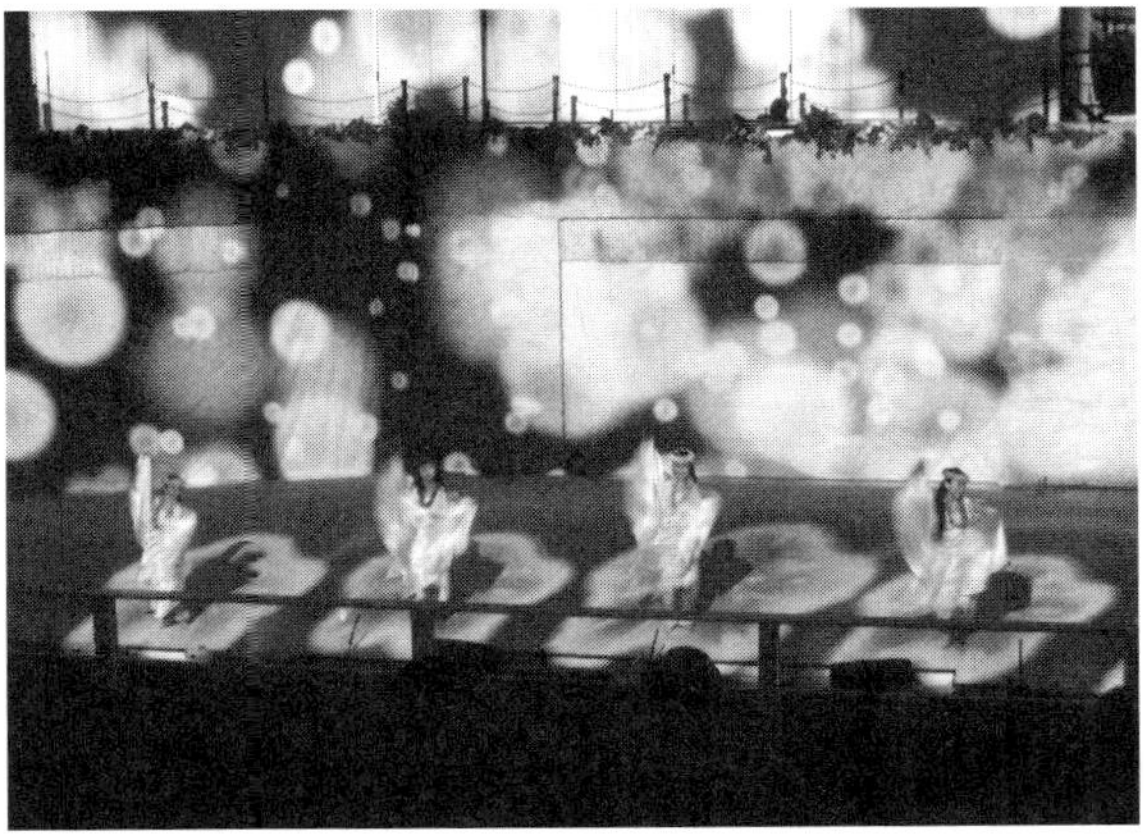

スパリゾートハワイアンズ

消えはしない。別様に再編されるのでなければ、そのまま維持されてしまう。そしてこの再編の能力を感覚に求めることは無理なのであろう。そこに記憶の広大な工夫の余地がある。リピータを増やすツアーには、いったいどういう特徴があるのだろう。

翌朝、湯の岳パノラマライン展望台まで登ってみた。頂上近くまで車で登ることができる。南に茨城まで続く山並みが続き、北は原発の手前まで見渡すことができる。太平洋がまぶしく、風が凪いでいる。津波の被害は、四年も経てば見かけ上は穏やかな日常に組み込まれてしまう。いわき小名浜港付近は、再開発が進んで、波打ち際まで立派な施設が立ち並んでおり、港の沖合に人工の島を作り、防波堤にする計画であるらしい。海岸の堤防も修復された記念碑である。だがどのような防波堤を作ろうと、大震災規模の津波が来れば、いずれにしろ流されてしまう。ただしそれを二百年に一度だと見積もれば、その年数を耐えられる人工物はほとんどないのだから、小規模の津波さえしのげばよい。自然と人為のタイムスケールの違いがあり、人間にできることは、高々自分の一生の尺度の範囲を超えないほどのものに留まる。それでも良いのだと思い決めて、海岸沿いに「里山」を築きつつあった。里山とは、とりあえず手元にあるものを活用して、領域を形成するテーマパークのことである。

新たに人工的に制作する場所は、場所そのものに喚起力があり、かつ持続可能性を感じさせるほどの安定感があり、かつ訪れるたびに何度でも新たな経験ができるほどの内実が必要となる。海岸沿いの高台では、水と緑と光を活用できるのだから、テーマパークになる。そこにさらに工夫をこらすのである。すでに「アクアマリンふくしま」という水族館は、建てられて多くの来館者があった。魚の生態系を高密度で実現してくれるのだから、内容は十分である。残っているのは、アートの要素をどう組み込むかである。

いわき里山公園

いわきを後にして、郡山の駅ビルを通り越し、駅の西側にある仮設住宅を訪問した。その時点でフクシマ全県での避難者は、十万人強である。仮説住宅は、最長でも三年というふれ込みで設定されている。それがすでに四年を超え、五年目に突入している。

仮設住宅は、すでに耐用年数が過ぎ、場所によっては隙間風が吹き、雨漏りもある。誰しもそうした住宅に長く住みたいわけではない。住宅横の余った土地を耕し、いくばくかの野菜を植えてみている。それで野菜が足りるわけではない。スーパーで買ったほうが安価でもある。だが何かをしなければならないのである。何もしないでいることは、人間にとって絶望的なほど困難である。生きるということは、そうしたことなのだろう。

富岡町仮設住宅の社会福祉協議会では、その日社交ダンスの講習会を行っていた。参加者の八割は女性である。一目感心するほど上達している女性もいる。こんなとき男はつくづくひ弱なものだと思う。ひがな一日仮設住宅で暮らすのも身体に悪いので、奥さんに買い物に連れて行ってもらっているようである。生活の復興は、基本的に女主導のようである。そしておそらくそのことは避難生活でなくても、そうなのである。

この福祉協議会は、恒常的に「笑（えみ）〜る」というミニコミ誌を発行している。二〇一五年三月段階で一一五号まで発行されていた。一〇〇号までは「みでやっぺ！」という名称であった。イヴェント企画のアナウンスやすでに行った企画の報告を行い、共通の話題を提供して、コミュニケーションのネットワークを作ろうとしている。恒常的に「話題となりうるもの」から作り出していかなければならないのであろう。同じ場所に居住していれば、コミュニケーションが成立する、ということはありそうにない。毎日のようにイヴェントを組み立てることができる社会福祉事務所は、ごく僅かである。ほとんど予算もない。

この福祉事務所の職員も富岡町の出身であり、財産も墓もそこに残っている。墓は売買のできない特殊な財産である。許可願いを出して、時々富岡町に戻り、墓参してくるようである。午前九時から三時半までの一時帰宅がゆるされるのである。富岡町の仮設住宅は、郡山といわきにある。男たちのなかには、午後にはパチンコ、夕方から飲み屋という定番スケジュールになるものもいる。戦争難民という世界規模の現象があるが、東北三県の二十五万人の避難者たちも、難民であることには変わりがない。働きたくても働くことができず、生活の選択肢が極端に不足している人たちである。

避難者が働けば補助金は打ち切られる。働かなければ、生活の選択肢は驚くほど少ない。なにか新たなことを開始するためには、先々の見通しが無さすぎる。ひと時の楽しみはある。不満を語ることが筋違いなほど、持って行き場がない。待てば何とかなるのであれば、やはり待つことになり、待つことは生活の大切な技法でもある。だが待ってもどうにもならないこともある。自分からそこに区切りをつけることもできない。そうして四年の月日が過ぎてしまったのである。もちろん人生のなかで、四年間は短いものではない。他の時期によって置き換えが効くような年月ではない。そうした年月がじりじりと続くのである。

郡山市内富岡町仮設住宅

おわりに

ここ数年、さまざまな病気に見舞われながら、空き時間を作って、多くの場所を歩いてみた。ともかくもどこかに行き、そこで歩いてみるのである。毎日の経験の仕方を少し変えたいという思いもあり、多くの文章を読み思索することとは別の仕方で、経験の弾力を回復し、経験の可動域を広げたいと願ってもいた。そしてそのつどそれぞれの場所で経験して来たことをまとめてきたのである。テーマは、経験の弾力の回復であり、経験のリセットである。

経験の弾力を回復するためには、多くの知や知の技法を捨てて行かなければならない。捨てるという仕方をつうじて学ぶ事柄は、実はとても多い。身につけたものをただたんに捨てることは難しい。そのためたとえばひと時それらをペンディングし、括弧入れしていく。知や知の技法を括弧に入れたまま、ともかくもその場で経験を動かしてみる。そして別様の回路に進み続けることができれば、括弧入れされた知や知の技法は、おのずと捨てられていく。これは観点や視点を切り替えて、世界をただ別様に見ることではない。切り替えた観点や視点は、いつでも再度そこに戻すことができるのだから、行為としての経験はなにも変わってはいない。観点や視点の転換や切り替えに代えて、むしろ行為や経験の仕方をリセットしたいと考えていた。そのためにただ歩くことを試みたのである。

環境内を歩くのだから、環境や環境に堆積している文化的な地層を感じ取って行かなければならない。そのことをつうじて人間文化の地層の輪郭の現状を描いていきたいと考えてきた。日々の生活のなかでさまざまな工夫を続ける農民や職人たちから、システムの動きへとつながる回路で、経験を動かそうと試みてきたのである。この点でも、本書では思想ではなく、経験の作動のモードをどのように展開するかを課題としてきた。一言でいえば、理論哲学から行為哲学への移行の試みである。

多くの旅行や移動は、「エコ・フィィロソフィー」（東洋大学）の企画として行った。ほとんどが私学基盤形成事業の一部として行われている。すでに十年以上にわたって継続してきたプログラムである。旅行にはいつも何人もの同行者がいた。山田利明、稲垣諭、榎本淳子、坂井多穂子、スーヘー、岩崎大各氏には企画の練り上げの段階から実行まで、多くの助力をいただいた。記し感謝したい。

書誌的事項を記しておきたい。各章の初出は、以下のようである。

第1章　吟遊する哲学　書き下ろし
第2章　ワールズ・エンド
チェジュ記　『「エコ・フィロソフィ」研究』第七号、TIEPh、二〇一三年
ウエスト・コースティング　『「エコ・フィロソフィ」研究』第八号、TIEPh、二〇一四年
イーストコースト・エクスプレス　『「エコ・フィロソフィ」研究』第九号、TIEPh、二〇一五年
生命の異系　『「エコ・フィロソフィ」研究』第十号、TIEPh、二〇一六年
第3章　ジャパニーズ・リンボ
大地の熱　『「エコ・フィロソフィ」研究』第九号、TIEPh、二〇一五年
ファンタスティックロード　『「エコ・フィロソフィ」研究』第九号、TIEPh、二〇一五年
チバニアン　『「エコ・フィロソフィ」研究』第十一号、TIEPh、二〇一七年
第4章　フクシマ・ランドマーク
現実性と希望の輪郭　『現代思想』二〇一一年九月臨時増刊号（imago）、青土社
ラディオアクティヴ奥の細道　『白山哲学』第四十九号、東洋大学哲学科、二〇一五年
フクシマ・レヴィジテッド　『「エコ・フィロソフィ」研究』第十号、TIEPh、二〇一六年

本書の企画・構成は、青土社編集部の足立朋也さんがほとんど独力でやってくれた。書籍にするさいには、できるだけ簡素で明確な切り口をもたなければならない。草稿の選択から、章立や章の表題の設定まで、全面的に足立さんにお願いすることになった。衷心より、感謝したい。

二〇一七年八月

河本英夫

[p.87]
Title: *Reversible Destiny Lofts Mitaka – In Memory of Helen Keller*
Artist: Arakawa and Madeline Gins
Date of Creation: 2005
Medium: Nine Residential Apartments (two unit types)
Dimensions: Total Floor Area: 8,196 sq ft / 761.46 m^2
Location: Mitaka, Tokyo, Japan
Credit line: © 2005 *Estate of Madeline Gins*. Reproduced with permission of the Estate of Madeline Gins.

[p.91]
Title: *Bioscleave House (Lifespan Extending Villa)*
Artist: Arakawa and Madeline Gins
Date of Creation: 2008
Medium: Residence
Dimensions: Total Area: 2,700ft / 255m^2
Location: East Hampton, NY, USA
Credit line: © 2008 *Estate of Madeline Gins*. Reproduced with permission of the Estate of Madeline Gins.

[p.95]
Title: *Biotopological Scale Juggling Escalator*, Dover Street Market, NY
Artist: Arakawa and Madeline Gins
Date of Creation: 2013
Medium: Staircase
Dimensions: 20ft x 20ft x 10ft
Location: New York City, USA
Credit line: © 2013 *Estate of Madeline Gins*. Reproduced with permission of the Estate of Madeline Gins.

経験《けいけん》をリセットする　理論哲学《りろんてつがく》から行為哲学《こういてつがく》へ

2017 年 9 月 20 日　第 1 刷印刷
2017 年 9 月 30 日　第 1 刷発行

著　者　河本英夫《かわもとひでお》

発行者　清水一人
発行所　青土社
〒 101-0051　東京都千代田区神田神保町 1-29　市瀬ビル
電話　03-3291-9831（編集部）　03-3294-7829（営業部）
振替　00190-7-192955

印　刷
製　本　ディグ

装　幀　鈴木一誌

ISBN978-4-7917-7012-0

河本英夫 著

オートポイエーシス

第三世代システム

あらゆる分野の常識を覆す革命的システム論。世紀を越えるロングセラー。

青土社

河本英夫 著

臨床するオートポイエーシス

体験的世界の変容と再生

リハビリテーションの現場で、意識や行為の概念が定式化され拡張していく。

青土社